Eduard Sievers

Proben der Eddalieder

Eduard Sievers

Proben der Eddalieder

ISBN/EAN: 9783743376458

Hergestellt in Europa, USA, Kanada, Australien, Japan

Cover: Foto ©Thomas Meinert / pixelio.de

Manufactured and distributed by brebook publishing software (www.brebook.com)

Eduard Sievers

Proben der Eddalieder

EINLADUNG

ZUR
AKADEMISCHEN FEIER DES GEBURTSFESTES
SEINER MAJESTÄT DES KÖNIGS

KARL VON WÜRTTEMBERG

AUF DEN 6. MÄRZ 1885

IM NAMEN

DES

REKTORS UND AKADEMISCHEN SENATS

DER

KÖNIGLICHEN EBERHARD-KARLS-UNIVERSITÄT TÜBINGEN

BEIGEFÜGT IST EINE ABHANDLUNG

PROBEN EINER METRISCHEN HERSTELLUNG DER EDDALIEDER

VON

EDUARD SIEVERS

ORDENTLICHEM PROFESSOR DER GERMANISCHEN PHILOLOGIE

TÜBINGEN
DRUCK VON LUDWIG FRIEDRICH FUES
1885

Die Universität wird den am 6. März wiederkehrenden Geburtstag

Seiner Majestät unseres gnädigsten Königs

feierlich begehen und der Rektor

Professor Dr. von Bülow

eine Festrede

über

Gesetz und Richteramt

halten.

Zu dieser akademischen Feier werden alle Mitglieder und Freunde der Universität auf den genannten Tag um 11 Uhr in den Festsaal der Aula geziemendst eingeladen.

Rektor und akademischer Senat.

Auf den folgenden Blättern habe ich den Versuch gemacht, durch die Probe einer Textbearbeitung die metrischen Regeln über den Bau eddischer Verse zu veranschaulichen, welche ich zunächst im zweiten Teile meiner 'Beiträge zur Skaldenmetrik' in Paul und Braune's Beiträgen VI, 297 ff. entwickelt, und dann ebenda VIII, 54 ff. im Anschluss an die Einwände von Edzardi im Literaturblatt für germ. und roman. Philologie 1880, Sp. 166 ff., und endlich nochmals in meinen beiden Aufsätzen 'Zur Rhythmik des germanischen Alliterationsverses' in den genannten Beiträgen X, 209 ff. (speciell im Anhang II) mit Rücksicht auf den Bau der verwanten angelsächsischen Verse modificiert habe. An der ersten der angeführten Stellen hatte ich die Kurzzeile des früher gemeiniglich als Kviðuháttr oder Fornyrðislag bezeichneten Metrums[1]) schlechthin als einen Viersilbler von der Form $\acute{-}\smile | \acute{\smile}\smile$ charakterisiert, bei welchem sowol die Hebungen, wie die Senkung des ersten Fusses zu $\smile\smile$ aufgelöst werden können. Ausnahmsweise war für die erste Senkung in den volkstümlicheren Gedichten der Edda auch die Gestalt $\_\smile$ zugegeben, während die strenger gebauten Viersilbler der 'Skalden' bei der Auflösung dieser Senkung an der Form $\smile\smile$ festhalten. Diese Bestimmungen waren aus einer Statistik der Silbenzahlen der einzelnen Verse gewonnen, bei welcher auf die natürliche Betonung der Wörter und Sätze keine Rücksicht genommen wurde. Die Folge davon war, dass zwischen dem angenommenen rhythmischen Schema und dem natürlichen Accentschema der Zeile sehr häufig ein Widerspruch hervortrat. Dieser Widerspruch konnte entweder durch

---

[1]) Ueber die Bedeutung dieser beiden Namen vgl. jetzt insbesondere Möbius im Arkiv for nordisk Filologi I, 288 ff. Ich bediene mich im Folgenden in Ermangelung eines bessern Terminus abermals des Namens Fornyrðislag, der doch immer noch am besten zu einem Gesammtnamen sich eignen dürfte.

die Annahme erklärt werden, dass der nordische Vers nicht, wie alle übrigen germanischen Verse, auf dem natürlichen Satzaccent beruhe, oder dadurch fortgeschafft werden, dass man das angenommene einheitliche Schema des Vers-Rhythmus durch eine Vielheit ersetzte, welche den verschiedenen Typen des natürlichen Satz-Rhythmus der einzelnen Verse entspräche.

Dass schliesslich nur diese zweite Möglichkeit Anspruch darauf hat, für glaubhaft gehalten zu werden, liegt auf der Hand. Speciell von Seiten des Nordischen selbst ist für sie geltend zu machen, dass nur bei getreuer Beobachtung des natürlichen Satzrhythmus im Verse die Alliteration in gebührender Weise zur Geltung kommt. Ich habe danach die ursprüngliche Fassung der Regel zunächst dahin abgeändert, dass ich den eddischen 'Viersilbler' gebildet sein liess aus zwei Takten oder Füssen von der Form $\acute{-}\smile$ oder $\smile\acute{-}$, die in beliebigem Wechsel zusammentreten könnten. Statt der einen Grundform $\acute{-}\smile\,|\,\smile\smile$ ergaben sich mir also die vier Grundformen $\acute{-}\smile\,|\,\smile\smile$, $\acute{-}\smile\,|\,\smile\acute{-}$, $\smile\acute{-}\,|\,\smile\smile$ und $\smile\acute{-}\,|\,\smile\acute{-}$. Für die künstlicheren Metra der Skaldenpoesie hielt ich auch auf diesem Standpunkte noch an der Taktform $\acute{-}\smile$ als der einzigen fest; vgl. namentlich Beitr. VIII, 78 f. Es blieb dabei nicht nur für die Skaldenpoesie der häufige Widerspruch zwischen Satzaccent und Versaccent bestehen, sondern auch für die Edda musste noch des öftern eine Versetzung des natürlichen Accents in dreisilbigen Wörtern angenommen werden. Auch diese Fassung der Regel konnte danach noch nicht als befriedigend und überzeugend angesehen werden.

Inzwischen war meine Aufmerksamkeit von der nordischen Metrik auf den Versbau der Angelsachsen abgelenkt worden. Eine statistische Untersuchung über die rhythmischen Formen zunächst im Beowulf, dann auch in den übrigen angelsächsischen Dichtungen, ergab mir das Resultat, dass Analoga der oben angeführten vier Typen des Eddaverses auch im Angelsächsischen die Hauptmasse des Versmaterials bilden, doch mit der Beschränkung, dass die Form $\acute{-}\smile\smile\acute{-}$ nur dann gestattet ist, wenn eine der beiden Senkungssilben einen natürlichen (seltener nur einen bloss rhythmischen) Nebenton trägt. Andererseits erfährt die Senkung im Angelsächsischen oft eine viel freiere Behandlung, als ich sie für das Nordische angenommen hatte, und neben jenen vier Formen oder Typen trat mit Deutlichkeit noch eine fünfte Form $\acute{-}\acute{-}\smile\smile$ auf, ebenfalls stets mit einem natürlichen (oder seltener rhythmischen) Nebenton auf einer der Senkungssilben. Ferner ergab sich, dass die Hebung, auch der Nebenton, nur dann auf eine Kürze fallen kann, wenn dieselbe unmittelbar auf eine andere Hebung oder doch auf einen natürlichen Nebenton ohne zwischenliegende Senkung folgt. Die Quantitäten der unbetonten Silben, der eigentlichen Senkungen also, sind dabei durchaus gleichgültig.

Ich habe hiernach die Fülle der rhythmischen Formen des angelsächsischen Verses, zunächst der zweiten Halbzeile, auf fünf Grundtypen zurückgeführt, die ich mit den Buchstaben A bis E bezeichne. Dieselben sind, indem ich × für eine unbetonte Silbe gleichgültiger Quantität setze:

$$A\ \underline{\prime}\times\,|\,\underline{\prime}\times \qquad D\ \begin{cases}\underline{\prime}\,|\,\underline{\prime}\grave{\smile}\times \\ \underline{\prime}\,|\,\underline{\prime}\times\underline{\smile}\end{cases}$$
$$B\ \times\underline{\prime}\,|\,\times\underline{\prime}$$
$$C\ \times\underline{\prime}\,|\,\grave{\smile}\times \qquad E\ \begin{cases}\underline{\prime}\grave{\smile}\times\,|\,\underline{\prime} \\ \underline{\prime}\times\underline{\smile}\,|\,\underline{\prime}\end{cases}$$

Die Typen A bis C lassen sich als gleichfüssige insofern bezeichnen, als sie aus zwei Füssen oder Takten zusammengesetzt sind, deren jeder aus Hebung und Senkung besteht. D und E hingegen sind ungleichfüssig, weil dem einen Fusse die Senkung fehlt, der andere dafür eine zweigliedrige Senkung, genauer gesagt eine Nebenhebung und eine eigentliche Senkung besitzt. Alle fünf Typen sind sich darin gleich, dass sie aus je vier Gliedern bestehen: die gleichfüssigen aus zwei Hebungen und zwei Senkungen, die ungleichfüssigen aus zwei Hebungen, einer Nebenhebung und einer Senkung. Ein Unterschied besteht dagegen wieder insofern, als die complicierteren ungleichfüssigen Typen viel strenger an der Normalform festhalten, namentlich für die Senkung das Mass einer Silbe nicht zu überschreiten pflegen, während die Senkungen der gleichfüssigen Typen A bis C, abgesehen von der abermals feststehenden Schlusssenkung, auch zwei- und selbst mehrsilbig sein können.

Allerdings erscheinen die Grundformen der Typen, wie ich sie oben aufgestellt habe, nur in einem Bruchteil der Fälle rein. Sie erleiden vielfach Modificationen nach verschiedenen Gesichtspunkten. Einmal nämlich darf im Princip jede Hebung in $\smile\times$ aufgelöst werden; auch gleichzeitige Auflösung beider Hebungen tritt auf, obschon ungleich seltener, und hie und da mit bestimmten Beschränkungen. Sodann kann resp. muss die Hebung unmittelbar nach einem, sei es sprachlichen, sei es rhythmischen Ictus, zu $\smile$ verkürzt werden. Endlich variiert noch, wie oben bemerkt, die Silbenzahl der Senkungen, in einigen Typen zum Teil innerhalb sehr weiter Grenzen.

Schliesslich muss noch auf einige Besonderheiten hingewiesen werden, durch welche sich die erste Hälfte der Langzeile von der zweiten unterscheidet. Die eine ist, dass in die erste Senkung des Typus A im zweiten Halbvers nicht eine stark nebentonige Silbe eintreten dürfe ohne gleichzeitige Kürzung der zweiten Hebung, während für den ersten Halbvers diese Beschränkung nicht gilt. Dieser kennt zwar Verkürzung der zweiten Hebung unter der angegebenen Bedingung, aber nicht als Regel, sondern nur als Licenz. Auch werden im ersten Halbvers gern stark nebentonige Silben in die zweite Senkung gesetzt, was im zweiten Halbvers sichtlich gemieden wird. Doch ist wieder zu beachten, dass die solchergestalt durch Nebenaccente in den Senkungen gesteigerten Verse fast durchgängig Doppelalliteration zeigen, während die Verse des normalen Typus zwischen einfacher und doppelter Alliteration beliebig wechseln. Ebenso charakteristisch ist sodann die Neigung, die Typen D und E bei doppelter Alliteration im ersten Halbvers durch Ein- oder Anfügung einer Senkung zu $\stackrel{\prime}{-} \times | \stackrel{\prime}{-} \times \times$ und $\stackrel{\prime}{-} \times \times | \stackrel{\prime}{-} \times$ zu steigern (ich lasse die Nebenhebungen hier unbezeichnet), also fünfgliedrige Verse an die Stelle der viergliedrigen treten zu lassen. Endlich findet sich im ersten Halbvers viel häufiger ein Auftakt als im zweiten. Solche Verse mit Auftakt sind natürlich ebenfalls als fünfgliedrig anzusehen.

Vergleicht man nun mit den so charakterisierten Versen des angelsächsischen Epos die Kurzzeile der im sog. Fornyrðislag abgefassten Eddalieder, so ergiebt sich auf den ersten Blick, dass alle Eigentümlichkeiten des angelsächsischen Verses dort wiederkehren, mit Ausnahme der Steigerung der viergliedrigen Verse zu fünfgliedrigen, wenn wir von gelegentlichen Auftakten und vereinzelten andern Unregelmässigkeiten absehen. Dagegen besitzt die nordische Metrik neben dem viergliedrigen Fornyrðislag auch ein fünfgliedriges Metrum, den Málaháttr. Von diesen Tatsachen ausgehend, habe ich denn die Vermutung ausgesprochen, dass die epische Kurzzeile des Nordischen mit der des Angelsächsischen principiell identisch sei, nur mit der Einschränkung, dass die im Angelsächsischen übliche Mischung vier- und fünfgliedriger Verse durch Spaltung in zwei besondere Metra, das Fornyrðislag und den Málaháttr, aufgehoben ist.

In einem wesentlichen Punkte aber unterscheidet sich der nordische Viersilbler — man gestatte mir, diesen Namen für die viergliedrige Zeile des Fornyrðislag beizubehalten — doch stark von dem angelsächsischen, nämlich in der Behandlung der Senkungen in den gleichfüssigen Typen A—C. Nehmen wir die Ueberlieferung, wie sie liegt, so überwiegt einsilbige Senkung in höherem Masse als im Angelsächsischen, und unter den zweisilbigen treten die von der Form $\_\times$ wieder sehr stark hinter denen von der Form $\cup\times$ zurück. In den künstlicher ausgebildeten 'Viersilblern' der Skalden aber gilt, wie ich bewiesen zu haben glaube, entweder nur einsilbige Senkung oder dafür $\cup\times$, welches als Auflösung gelten kann. Die Eddalieder halten also in dieser Beziehung die Mitte zwischen der freien Senkungsbildung des angelsächsischen Epos und der stricten Beschränkung der nordischen Skaldendichtung. So erhebt sich denn die schwierige Frage: Stellt die Ueberlieferung der Eddalieder wirklich eine besondere Zwischenstufe metrischer Entwickelung im Norden dar, oder fallen die Störungen des Normalschemas eben nur dieser Ueberlieferung zur Last, nicht den Originalfassungen der Lieder? Das erstere ist an sich möglich. Für die zweite Annahme spricht das starke Zurückweichen der Ausnahmen und das daneben sichtlich hervortretende Bestreben, den viergliedrigen Vers zu einem wirklichen 'Viersilbler' zu machen (unbeschadet natürlich der Auflösungsfähigkeit von Hebung und Senkung). Die Wahrheit wird auch hier in der Mitte liegen. Ich glaube wie früher, dass ein Teil der Abweichungen vom Normalschema: einsilbige oder aufgelöste 'verschleifbare' Hebung und Senkung, als Licenz einer freieren Kunstübung erklärt werden muss. Aber ich bin auch nach wie vor ebenso überzeugt, dass ein anderer und grösserer Teil erst während der doch Jahrhunderte umfassenden Periode der Ueberlieferung in unsere Texte hineingeraten ist. Die Schwierigkeit ist nur, eine sichere Grenze zwischen diesen beiden Fällen zu ziehen, und da glaube ich allerdings, dass nach Massgabe der Analogien des angelsächsischen Versbaues die Grenzen für erlaubte Ueberschreitung des Normalmasses etwas weniger eng zu stecken sind als ich dies ursprünglich getan habe. Je weiter und laxer aber die Regel wird, um so mehr schwindet auch die Sicherheit der Unterscheidung zwischen Ursprünglichem und Unechtem. Glücklicherweise liegt aber die Sache trotz dieser allgemeinen Bedenken nicht so, dass man sie von vorn herein als aussichtslos aufgeben müsste. Der praktische Versuch lehrt, dass die Zone des wirklich Unsicheren im Verhältnis zu dem, was mit einiger Sicherheit festgestellt werden kann, doch nur eine geringe Breite besitzt, und um so mehr an Umfang verliert, je eingehender und mit je reicherem Material man die einschlägigen

Streitfragen untersucht. In diesem Sinne möchte ich den folgenden Versuch als einen ersten Vorstoss betrachten, mit dem die Sache keineswegs abgeschlossen sein soll. Dass ich dabei diesmal vorgezogen habe, bearbeitete Textproben statt einer zusammenhängenden Discussion vorzulegen, hat seinen Grund darin, dass ich glaube in dieser Weise es besser anschaulich machen zu können, wie wenig zahlreiche Correcturen doch schliesslich nur erfordert werden, um einen bereits recht glatten Text herzustellen.

Wie sich bei meinen früheren Untersuchungen wol bereits zur Genüge ergeben hat, kommen hauptsächlich zwei Quellen für die Störung des Metrums in Betracht: die Einsetzung jüngerer Sprachformen statt älterer, und die Einfügung von unbetonten Wörtchen, namentlich Pronominibus und Partikeln. Die Kritik hat diesen beiden Fehlerquellen gegenüber eine etwas verschiedene Stellung einzunehmen. Im ersteren Falle bietet die Ueberlieferung Formen dar, welche mit dem Sprachgebrauch der Zeiten in directem Widerspruch stehen, in denen die Texte ihre Entstehung fanden. Für denjenigen, welcher es unternimmt, eine möglichst ursprüngliche Gestalt der Lieder herzustellen, erwächst hiernach schon ohne alle Rücksicht auf etwaige Forderungen der Metrik direkt die Verpflichtung, nach Möglichkeit alle Sprachformen der Ueberlieferung auszumerzen, welche sicher jüngeren Ursprungs sind als die Lieder. Natürlich wird es nicht überall gelingen, die originalen Wortformen bis in alle Einzelheiten hinein genau zu ermitteln. Aber für die Punkte, welche für die Metrik in Betracht kommen, reichen unsere Mittel vollauf aus. Eine einfache Umsetzung unserer Texte in die Orthographie der ältesten Handschriften genügt schon, um in zahlreichen Fällen einen metrischen Anstoss verschwinden zu lassen. Für zweifelhafte Fälle treten dann noch die Kriterien welche sich aus einer Untersuchung der mit peinlicher Strenge gebauten Skaldenstrophen gewinnen lassen, ergänzend hinzu.

Zu den Aenderungen welche so schon von Seiten der Grammatik verlangt werden, rechne ich vor allem die Einführung des sogenannten Bragarmál, namentlich die Verkürzung des seinem Verbum nachgesetzten Pronomens *ek* zu blossem -*k*, die Verkürzung von enklitischen *es* 'ist', seltener *est* 'bist' zu *s* und *st*, die Verkürzung von enklitischem *erom, eroð, ero* zu -*rom*, -*roð*, -*ro* resp. -*om*, -*oð*, -*o* nach auslautendem *r*, die Verschmelzung der Relativpartikel *es* mit vorausgehenden Pronominibus und Adverbien, die Scheidung der Adverbien *eptir, undir, fyrir, yfir* von den Präpositionen *ept, und, fyr, of*, die Einsetzung der altertümlichen

Formen *svát*, *þót*, *þvít* für die späteren aufgelösten *svá at*, *þóat*, *þvíat*, und von *hef*, *hefr* für *hefi*, *hefir*, endlich die Regelung der Negation *-a*, *-at*, *-t* gegen *eigi*. Ein einfacher Blick lehrt, dass fast ausnahmslos die sprachgeschichtlich ältere Form auch die metrisch correctere ist, und so habe ich denn in den folgenden Proben überall dem älteren Sprachgebrauch gemäss geändert, wo das Metrum nicht direkt Einsprache erhob. Diese Fälle sind übrigens selten genug. Ein Zweifel, wie zu schreiben sei, ist fast nirgends möglich.

Etwas anders liegt nun die Sache bei den En- und Prokliticis, welche so oft in der Ueberlieferung die Senkungen anschwellen. Es sind besonders die Personalpronomina *þú*, *hann*, *hón*, *vér*, *ér*, *þeir* neben einem Verbum finitum, und Partikeln wie *nú*, *þá*, *þar*: alles Wörter, welche für den Zusammenhang meist entbehrlich, aber natürlich doch noch nicht an sich falsch sind. Für Unursprünglichkeit mindestens in einem Teile der Fälle spricht die auch im Nordischen sicher festgestellte Tatsache, dass je altertümlicher ein Text ist, um so seltener jene Wörter gebraucht erscheinen, und weiter die Beobachtung, dass wo mehr als eine Handschrift eines Textes vorliegt, die Ueberlieferung gerade bei ihnen ausserordentlich viel häufiger zu schwanken pflegt, als bei andern Wörtern. Hierzu treten nun in einzelnen Fällen noch speciellere Erwägungen. So ist z. B. Beitr. V, 508 ff. hervorgehoben worden, wie im skaldischen Dróttkvætt das Pronomen *þú* fast nur nach Verbalformen auf *t* interpoliert worden ist, weil in diesem Falle Verbum und Pronomen zu einer lautlichen Einheit verschmelzen (*estu* für *est þú* u. dergl.), die Interpolation sich also gewöhnlich nur auf die Anhängung eines *u* an die Verbalform beschränkt. In dem Vers-Material, welches an jener Stelle untersucht worden ist, fand sich so die Interpolation von *þú* nach einer Verbalform auf *t* 73 mal, nach andern Verbalformen aber nur in 8—10 sicheren Fällen. Wo sich nun in einem eddischen Gedichte etwa ein ähnliches Verhältnis nachweisen lässt, wird natürlich der Gebrauch des Pronomens von vornherein verdächtig erscheinen müssen.

Aehnliche Anhaltspunkte lassen sich auch sonst noch ohne Mühe auffinden. Im übrigen aber wird man nach der Regel verfahren müssen, nur solche metrische Licenzen anzuerkennen, für welche unanfechtbare Beispiele zu Gebote stehen, nicht aber etwa auch solche, die nur aus Versen mit zweifelhaftem Wortmaterial gefolgert werden könnten. So wenig etwa ein Vers mit spätem *undir* statt *und* in der Senkung allein für zweisilbige, nicht verschleifbare Senkung beweisen kann, so wenig kann diese Licenz etwa aus Versen gefolgert werden, in denen bloss eines jener Pronomina oder Partikeln den Ueberschuss veranlasst. Daraus folgt aber wieder, dass man nicht ohne weiteres die ganze Masse der Eddalieder als einheitlich betrachten darf, sondern für jedes Gedicht eine besondere Untersuchung über Norm und Licenz anstellen muss.

Nach diesen Vorbemerkungen glaube ich für die Metrik der im 'Fornyrðislag' gedichteten Eddalieder folgende Regeln aufstellen zu können.

1. Die verschiedenen rhythmischen Formen der eddischen Kurzzeile gehen zurück auf die fünf Grundtypen

$$
\begin{array}{ll}
A & \angle \times | \angle \times \\
B & \times \angle | \times \angle \\
C & \times \angle | \angle \times
\end{array}
\qquad
\begin{array}{l}
D \begin{cases} \angle | \angle \angle \times \\ \angle | \angle \times \angle \end{cases} \\[1em]
E \begin{cases} \angle \angle \times | \angle \\ \angle \times \angle | \angle \end{cases}
\end{array}
$$

2. Die Hebungen fallen der Regel nach auf lange, meist zugleich haupttonige Silben.

3. Verkürzung der Hebung zu $\smile$ ist nur unmittelbar nach einer andern Hebung oder nach einer in der Senkung stehenden nebentonigen Silbe (Nebenhebung) gestattet. Als nebentonig in diesem Sinne gelten die Endglieder von Compositis und die an sich bereits positionslangen Schlusssilben zweisilbiger einfacher Wörter mit langer Wurzelsilbe; also z. b. die Endsilben von Wörtern wie *ǫflugr, rjúfendr, doglingr*, auch solche wie *ambótt* u. dgl. Ausgeschlossen sind nach dieser Regel die zusammengesetzten Medialformen auf *-sk*; deren Endsilben haben, wie die der entsprechenden Activformen, keinen Nebenaccent, üben also auch keinen besondern Einfluss auf den Bau des Verses aus.

4. Jede Hebung kann in $\smile\times$, d. h. eine kurze betonte und eine unbetonte Silbe von gleichgültiger Quantität, aufgelöst werden. Ausgenommen ist nur die zweite Hebung im Typus C. Auch in den übrigen Typen ist die Auflösung im Nordischen nicht so häufig wie im Angelsächsischen: vermutlich weil die Zahl der Wörter von der Form $\smile\times$... im Altnordischen in Folge der weitergehenden Synkopierung von Mittelvocalen geringer ist als dort. Endlich tritt auch Auflösung gewöhnlich nur bei der ersten von zwei zusammentretenden Hebungen ein, also namentlich in den Typen C und D.

5. Auch die Senkungen sind normaler Weise einsilbig. Dies Mass wird nicht überschritten in den Schlusssenkungen der Typen A, C, D und den inneren Senkungen der zweiten Form von D, $\angle\ |\ \angle\times\angle$, und bei den E.

6. Dagegen wird die innere Senkung von A und die Eingangssenkung von B und C oft zweisilbig gebildet. Als ohne weiteres an diesen Stellen gestattet dürfen betrachtet werden zweisilbige verschleifbare Senkungen, d. h. abermals Silbengruppen von der Form kurz+unbetont. Wie bei der Auflösung der Hebung ist die Quantität der zweiten Senkungssilbe durchaus gleichgültig.

7. Zweisilbige nicht verschleifbare Senkung ist seltener; sie scheint am ehesten im Eingang der steigenden Typen B und C geduldet zu werden. Im Angelsächsischen gilt hier sogar das Mass von zwei Silben als das eigentlich Normale, während sonst die Senkung der Regel nach auch dort einsilbig ist. Es ist übrigens zu bemerken, dass die weitaus grössere Menge der zweisilbigen nicht verschleifbaren Senkungen eines der oben S. 7 erwähnten unbetonten Wörtchen enthält, welche in der Skaldendichtung sich so besonders häufig als interpoliert erwiesen haben; es liegt also mindestens der Verdacht vor, dass auch hier in der Edda das ursprüngliche Verhältnis zwischen normaler und geschwellter Senkung durch Interpolationen verdunkelt worden ist.

8. Was die Qualität der Senkungen anlangt, so sollen dieselben eigentlich nur durch Silben oder Wörter ohne Satzton gebildet werden. Es scheint dabei, dass Verba finita, insbesondere einsilbige, wenigstens als tonlos gelten können. Im Typus A ist der Eintritt schwerer Silben in die Senkung mehrfach durch besondere Vorschriften geregelt.

In der Ueberlieferung sind diese Regeln nicht selten gestört, indem einzelne Verse das Normalmass übersteigen, andere dahinter zurückbleiben. Ein nicht unbeträchtlicher Teil der Ueberschüsse kann durch Elision auslautender, unbetonter Vocale fortgeschafft werden; doch ist Elision keineswegs überall beim Zusammentreffen von Auslauts- und Anlautsvocalen durchzuführen (Beitr. V, 473 ff., VI, 307 ff., VIII, 61 f.). Die meisten der übrigen Abweichungen beruhen lediglich auf dem Gebrauche von Sprachformen, welche erst einer späteren Zeit zukommen, aber der älteren Sprache und also auch den Originalen unserer Lieder fremd waren. Von Correcturen die sich solchergestalt notwendig machen, ist an erster Stelle wieder die Einführung des Bragarmál und der übrigen oben S. 6 f. angeführten älteren Sprachformen zu nennen. Ferner ist gegen die Schreibung der Ausgaben und der Handschriften, Vocal vor Vocal ausnahmslos als kurz anzusetzen (Beitr. V, 462. VIII, 353 f.)[1]) Weiter wird man annehmen dürfen, dass das anlautende *h* einer Enklitica wie *hann*, *hón* mit vorausgehendem einfachem Consonanten nicht Position zu bilden brauche, dass also Gruppen wie *nam hann*, *gaf hón* verschleifbar seien (Beitr. V, 513). Endlich liegt es nahe, für einsilbige vocalisch auslautende Proklitieae wie *sá*, *þá*, *þó* (wie bei ähnlichen Fällen in der deutschen Metrik im mehrsilbigen Auftakt) Verkürzung zu *sa*, *þa*, *þo* anzunehmen, wenn sie an erster Stelle einer zweisilbigen Senkung (Eingangssenkung?) erscheinen, also z. B. *þa vas grund gróin*, nicht *þá vas grund gróin* zu schreiben.[2]) Zu kurze Verse andererseits lassen sich meist ohne Weiteres bessern durch Auflösung contrahierter Formen, ein Mittel das nach den eingehenden Untersuchungen von Konrad Gislason, Njála II, 1 ff., auch in der Skaldendichtung in weitestem Umfang in Anwendung gebracht werden muss. Es versteht sich übrigens von selbst, dass der erste der beiden Vocale die durch die Auflösung neben einander treten, nach der allgemeinen Correptionsregel stets als kurz anzusetzen ist. — Zu den einzelnen Typen sind sodann noch folgende Bemerkungen zu machen.

I. Grundtypus A. Innerhalb desselben unterscheide ich drei Unterarten, die ich als A 1, A 2, A 3 bezeichne. Unter A 1 verstehe ich die normale Form des Typus mit Alliteration im ersten Fuss (im ersten Halbvers kann auch der zweite Fuss mit alliterieren) und mit tonlosen Silben in den Senkungen. A 2 stellt den durch Einfügung von Nebentönen in die Senkung gesteigerten Typus dar. Trifft ein Nebenton in die erste Senkung, so kann die zweite Hebung entweder auf eine Länge oder auf eine Kürze fallen; ich bezeichne dies durch den Zusatz eines *l* resp. *k* nach dem Typennamen; ein Vers wie *sól skein sunnan*

---

[1]) Diese von Bugge und mir unabhängig gefundene Regel ist so einleuchtend, dass sogar Vigfússon sich ihrer Anerkennung nicht hat entziehen können.

[2]) Durch diese Annahme erklärt sich auch eine ziemliche Anzahl bisher anstössiger Skaldenverse aufs Beste, namentlich die Beitr. VIII, 58 angeführten Beispiele aus dem Dróttkvætt wie *því'ro heldr þars skekr skjoldu*, *nú'ro fjǫll á sæ sollin*; für *þau'ro orð komin norðan*, *þau'ro enn svát man-k manna* wird man Kürzung von *þau* zu *þo* annehmen dürfen (wie in *hauſuð* : *hofði* etc.). Auch die Verse mit *nu em-k*, *nu hefr*, *nu hykk* u. dgl. in Eingang, Beitr. V, 162. VIII, 56 können hiernach ohne Annahme von weiteren Verschmelzungen gelesen werden. Fast ausnahmslos gehören nämlich alle hier in Betracht kommenden Verseingänge zum Typus C oder B.

gehört also zu A 2 l, ein solcher wie *einnættr vega* zu A 2 k. Die Form A 2 l wird in einigen Liedern im zweiten Halbvers mehr oder weniger gemieden. Einen Nebenton in der zweiten Senkung bezeichne ich durch A 2 b. Unter A 3 fasse ich endlich die Verse mit Alliteration bloss im zweiten Fuss zusammen. Dieselben sind bekanntlich fast ganz auf die ersten Halbzeilen beschränkt. Etwaige Nebentöne in den Senkungen habe ich hier nicht besonders bezeichnet, weil der zweite Fuss hier stets $\angle\times$ ist, die Nebentöne also auf die Quantität der zweiten Hebung ohne Einfluss sind. Auflösung der Hebungen im Typus A ist selten.

II. **Grundtypus B.** Dieser hat im Wesentlichen nur eine Form, wenn wir von der möglichen Auflösung der Hebung und der Silbenzahl der Senkungen absehen. Auflösung der Hebung ist auch hier selten.

III. **Grundtypus C.** Von den im Angelsächsischen belegbaren Auflösungsformen dieses Typus kommen im Nordischen fast nur drei vor: C 1 der normale Typus, $\times\angle\,|\,\angle\times$, C 2 derselbe mit Auflösung der ersten Hebung, $\times\smile\times\,|\,\angle\times$, und C 3 der verkürzte Typus $\times\angle\,|\,\smile\times$. Auflösung der zweiten Hebung fehlt ganz.

IV. **Grundtypus D.** Hier sind vier Unterarten zu unterscheiden: D 1 = $\angle\,|\,\angle\angle\times$, Beitr. X, 250 ff.; D 2 = $\angle\,|\,\angle\smile\times$, Beitr. X, 253 ff.; D 3 = $\angle\,|\,\smile\angle\times$, Beitr. X, 260 f. und D 4 = $\angle\,|\,\angle\times\angle$

V. **Grundtypus E,** in zwei Unterarten je nach der Stellung des Nebentones, nämlich $\angle\angle\times\,|\,\angle$ = E 1, und $\angle\times\angle\,|\,\angle$ = E 2. Die zweite Form ist im Viersilbler ungewöhnlicher, desto häufiger ist sie im Dróttkvætt und Málaháttr.

Variationen dieser Typen ergeben sich weiterhin durch **Auflösung** der Hebungen und Senkungen, soweit solche gestattet sind. In den folgenden Proben bezeichne ich mit *v1* resp. *v2* eine 'Verschleifung' auf der ersten resp. zweiten Hebung, durch *m* eine 'Verschleifung' auf der Nebenhebung, durch *es* eine verschleifbare, durch *2s* eine nicht verschleifbare zweisilbige Senkung. Durch *a* vor dem Typenzeichen ist endlich etwaiger Auftakt angedeutet.

Von anderen kritischen Zeichen sind sodann noch eckige und runde Klammern angewant. Die ersteren gebrauche ich um Silben oder Worte auszuscheiden, deren Tilgung nach meiner Meinung notwendig ist; in runde Klammern dagegen habe ich gesetzt, was zwar an sich vielleicht metrisch erträglich, aber mir doch aus irgend einem Grunde verdächtig ist.

Was die Herstellung der Texte selbst anlangt, so muss ich hervorheben, dass ich keineswegs eine kritische Textrevision habe liefern wollen, sondern dass mein Absehen lediglich auf die metrische Form der Texte gerichtet gewesen ist. Ich habe mich deshalb im Allgemeinen an die handschriftlichen Lesarten gehalten, wo nicht ein metrischer Grund zur Aenderung vorlag; nur einige zu augenscheinliche Fehler des Sinnes sind mit den früheren Herausgebern hie und da verbessert worden. Nach irgendwelcher Originalität habe ich in diesem Punkte natürlich nicht gestrebt; ich habe mich im Allgemeinen dem Texte Hildebrands angeschlossen, aus dessen Noten man rasch einen Ueberblick über frühere kritische Leistungen gewinnen kann. Conjecturen Anderer, die nicht in den Text aufgenommen sind, habe ich diesem Princip getreu nur da besonders angemerkt, wo sie den neu gefundenen Gesetzen des Metrums zuwider sind. Dass in diesem Punkte Guðbrandr Vigfússon's Umdichtungen einiger Eddalieder in seinem „Corpus poeticum boreale" allen andern Arbeiten den Rang ablaufen, versteht sich von selbst. Die Lesarten der Handschriften sind meist nur insoweit verzeichnet als sie auf die Constitution des Textes selbst von Einfluss sein konnten.

Auch in der Orthographie habe ich mich dem bisher befolgten Gebrauch wieder angeschlossen, obwol auch ich eine Aenderung der Schreibweise für dringend notwendig erachte. Geändert habe ich nur, wo ein besonderer Anlass vorlag. Ich schreibe daher z. B. *vesa*, nicht *vera* weil des Bragarmál wegen auch *es* und dergl. mit *s* angesetzt werden muss, und bezeichne den *u*-Umlaut von *á*, weil es mir zu bedenklich vorkam, gekürztes *varum* statt *vǫrum* neben *várum* (Beitr. 6, 312 f.) anzusetzen, während *vǫrum* und *vórum* gut zusammen passen. Durch diese Einzeländerungen hat die Sprache der Proben gewiss an Buntscheckigkeit zugenommen, aber ich glaube, dass dieser Nachteil mindestens aufgewogen wird durch den Vorteil, dass die meisten Leser den metrischen Bau der Lieder in der altgewohnten Orthographie doch bequemer werden controlieren können, als wenn ich die Sprachformen der ältesten Handschriften durchgeführt hätte, welche für Manchen gewiss noch ein fremdartiges Aussehen haben.

I. Vǫluspǫ́.

Auflösung der Hebung wird im Typus A nur selten angewandt. Für den zweiten Halbvers sind *sefi of gleypir* 47, 8, *koma munu Múspells* 50, 2 und der öfter wiederholte Vers *ok um þat gættusk* 6, 4 etc. (zu A 3) die einzigen Belege, denn V. 9, 2 steht die Lesung *bjǫðum* statt *bjáðum* keineswegs sicher. In der ersten Halbzeile finden sich je 4 Beispiele für A 3: *þaðan koma dǫggvar* (*meyjar*) 19, 5. 20, 1, *eða skyldi goð ǫll* 23, 7 und *gengu regin ǫll* 6, 1 (diese refrainartig wiederkehrenden Verse zähle ich immer nur einmal) und für A 1. 2: *Reginn ok Ráðsviðr* 12, 7, *Fjalarr ok Frosti* 16, 3, *brotinn vas borðveggr* 24, 5, endlich *þriar ór þeim sal* 20, 3, wenn dieser Vers nicht zu E gehört, was mir viel wahrscheinlicher vorkommt. Wir treffen also unter 117 zweiten Halbversen vom Typus A nur drei- bis viermal Auflösung der ersten Hebung, unter 168 ersten Halbversen fünf- bis sechsmal Auflösung der ersten, einmal (*gengu regin ǫll*) Auflösung der zweiten Hebung. Unter 35 B (24 in erster, 11 in zweiter Halbzeile) findet sich kein Vers mit Auflösung. Dagegen ist C 2, d. h. C mit Auflösung der ersten Hebung und langer zweiter Hebung, $\times(\times)\smile\times\;|\;\stackrel{\perp}{}\times$, im zweiten Halbvers geradezu die häufigste Form von C. Sie ist durch ca. 45 Belege vertreten; dazu kommen noch 2 Belege für C 4 $\times\smile\times\;|\;\smile\times$, nämlich 5, 4. 14, 2. C 1 $\times\stackrel{\perp}{}\;|\;\stackrel{\perp}{}\times$ und C 3 $\times{'}\;|\;\smile\times$ erscheinen daneben nur 10 resp. 26 mal. Im ersten Halbvers tritt C 2 mehr zurück, es begegnet mit 11 Belegen eben so oft wie C 3, und etwas weniger häufig als C 1, welches 13 mal erscheint; C 4 fehlt hier ganz. Auflösung und Nichtauflösung der ersten Hebung verhalten sich im Typus C also im ersten Halbvers wie 11 : 24, im zweiten wie 47 : 36. Ganz isoliert steht der Vers *gnýr allr jǫtunheimr* 51, 3. Man kann ihn zu C ziehen, indem man die erste Hebung auf *allr* legt; dann hätten wir im zweiten Fusse Auflösung der Hebung, die sich sonst nicht findet, und zugleich einen Nebenton in der letzten Senkung, was auch ganz anomal ist. Man tut also vielleicht besser, den Vers unter A 3 zu stellen, mit Ictus auf *gnýr* und *jǫtun*-. Auch im Typus D überwiegt Auflösung der ersten Hebung im zweiten Halbverse die im ersten. In diesem stehen einzig die Verse *fara fiſtmegir* 50, 5 und *vǫlu velspaa* 22, 3 (?) zwölf Versen ohne Auflösung entgegen, im zweiten Halbvers dagegen ist das Verhältnis 6 : 18. Der Typus E kommt überhaupt nicht oft vor. Auflösung im ersten Halbvers zeigt nur die Zeile *þriar ór þeim sal* 20, 3, welche, wie bemerkt, auch zu A gehören könnte, im zweiten das oft wiederkehrende *rituð em eða hvat* (hier ist auch die Nebentonsilbe aufgelöst). Ohne Auflösung steht E im ersten Halbvers 6 mal, im zweiten 7—8 mal, wenn man die zweifelhafte Stelle 55, 2 mit rechnet.

Dass bei Eintritt eines Nebentones in die erste Senkung des Typus A die zweite Hebung im zweiten Halbvers gewöhnlich gekürzt wird, im ersten aber meist ihre Länge wahrt, habe ich schon in den Beiträgen auseinandergesetzt.

Schwieriger ist es, über die Senkungen in's Reine zu kommen. Verschleifbare Senkung wird man im Princip überall anerkennen müssen; für die Typen A, B, C liegen aber auch einige, wie es scheint, sichere Belege für zweisilbige nicht verschleifbare Senkung vor, und so erhebt sich die Frage, ob man darauf gestützt, alle Senkungen dieser Art im Texte belassen darf, auch diejenigen, welche sich durch eine leichte Emendation beseitigen lassen. Nach der speciellen Art wie diese zweisilbigen Senkungen in der Regel zusammengesetzt sind, glaube ich aber, dass solch conservatives Verfahren nicht berechtigt sein würde.

Durchgängig rein erhalten sind in der Ueberlieferung die Typen D und E ausser in den Versen *gap vas Ginnunga* 3, 7, *ymr it aldna tré* 47, 3, *sal sér hón standa* 64, 1 und *seið hón hugleikin* 22, 6 und dem Refrain *vituð ér enn eða hvat*, die alle zu D gehören und in der Ueberlieferung das Schema $\perp \times | \perp \times \times$ aufweisen. Dasselbe hat im Málaháttr seinen Platz, gehört aber nicht in den 'Viersilbler' hinein. Ich glaube, hier kann es keinem Zweifel unterliegen, dass das Normalmass hergestellt werden muss. In dem ersten Verse kommt man ohne weiteres mit der Verkürzung von *vas* zu *v's* aus, über die ich Beitr. V, 494 und namentlich VIII, 57 f. gehandelt habe.[1]) In dem Refrain *vituð ér enn eða hvat* bietet die handschriftliche Ueberlieferung selbst einen Anhalt für die Correctur, denn in Strophe 29. 51. 62. 63 schreibt R nur *v. e. e. h.*, d. h. *vituð enn eða hvat*. Wie hier schon der handschriftliche Text die Tilgung des Pronomens befürwortet, so verlangt dieselbe das Metrum in den Versen 22, 6 und 64, 1, und ebenso die des Artikels *it* 47, 3. Streicht man aber das *hón* von 22, 6, so wird man die übrigen *hón* der Strophe, die einmal sogar, 22, 5, die Senkung bis zu drei Silben steigern, schwerlich bestehen lassen können, auch wenn das Metrum die Streichung nicht gebieterisch verlangt.

Vergleichen wir hiermit die mehrsilbigen Senkungen der übrigen Typen, so ergibt sich folgendes Resultat. Für die Eingangssenkung der steigenden Typen liegen an ziemlich sicheren Beispielen vor *knôttu vanir vigská* 24, 7, *áðr á bál um bar* 34, 3, *leika Míms synir* 46, 1, und für den zweiten Halbvers *heitir Yggdra-*

---

[1]) An weiteren Skaldenbelegen trage ich noch nach *ráð v's þat mikit dáða* Sturl. 1, 177, *mjok v's frægð sús bil brigði* ib. 1, 311, *þat v's mánadag fránar* Flat. 2, 407, *ein v's sús kugla minnir* ib. 2, 112. Auch die Achtsilbler *ráðinn v's hǫnum raunmjok dauði* und *hötuð v's hǫnum dauða skjótum* Sturl. 2, 329 sind wahrscheinlich als Belege anzuziehen; nur macht die Möglichkeit *hǫnum* zu lesen, diese Zeugnisse etwas unsicher.

sils 19, 2, und vielleicht *hvars til húsa kom* 22, 1. Zwei andere Fälle, *þar vas Móðsognir* 10, 1, *þat man æ uppi* 16, 5, können ohne weiteres durch die Aussprache *v's* und *m'n* beseitigt werden. Dann bleiben noch, etwas weniger sicher, *vas þeim vættergis* 8, 3 und *enn sá Brimir heitir* 37, 8, ferner 10 Verse mit persönlichem Pronomen beim Verbum finitum: *veit hón Heimdallar* 27, 1, *sá hón vitt ok um vitt* 30, 5, *sá hón Valkyrjur* 31, 1, *sá hón þar raða* 39, 1, *sér hón upp koma* 59, 1; *þó hann æva hendr* 34, 1, *lætr hann megi hveðrungs* 54, 5 und im zweiten Halbvers *hvar þær staði ótta* 5, 10, *þó hón enn lifir* 21, 10, *hvar þú auga falt* 28, 8; ferner 3 mit Relativpronomen: *ok þanns annars glepr* 39, 5, *þærs í árdaga* 61, 5, *þærs í dala falla* 19, 6. Den ersten dieser Verse habe ich als zweifelhaft bezeichnet, weil es naheliegt, für *vættergis* eine altertümliche Form *vætrgis* zu vermuten (wie sie in dem Adverbium *vætr* doch wol vorliegt) und dann den Vers zu A zu stellen. Vers 37, 8 ist nur in R überliefert, und in dem ganz parallelen Verse 42, 8, der in R und H vorliegt, liest die eine Handschrift, R, *sás Fjalarr heitir*, die andere, wie R in 37, 8, *enn sá Fjalarr heitir*. Es mag also leicht auch 37, 8 ursprünglich das dem Metrum gerechte Relativpronomen gestanden haben. Rechnen wir aber auch diese beiden Verse als sicher, so fällt doch auf, dass wir nur 7 Verse dieser Art finden gegen die 10 Verse mit dem immerhin bedenklichen Personalpronomen und die drei mit dem Relativum, die durch Streichung des überflüssigen Demonstrativums vor dem *es* ohne weiteres verschleifbare Senkung gewähren. Endlich ist mit Rücksicht auf die besondere Häufigkeit des *hón* noch zu bemerken, dass das Schwanken der Ueberlieferung, welche die Vǫlva teils in erster, teils in dritter Person von sich reden lässt, vielleicht erst durch Verderbnis des Textes entstanden ist, indem man alte erste Personen ohne beigefügtes *ek* (Beitr. V, 506 ff. VI, 324 ff.) fälschlich als dritte Personen auffasste und dann späterem Sprachgebrauch gemäss durch *hón* supplierte.

Zweisilbige Mittelsenkung wird für den Typus A durch die wol unanfechtbaren Verse *undorn ok aptan* 6, 9, *á gengusk eiðar* 26, 5, *svort verða sólskin* 41, 5 im Princip sicher gestellt; aber ich muss wieder bezweifeln, dass diese Beispiele uns nun berechtigen, alle übrigen Verse ähnlicher Art im Texte zu belassen. *Bǫls man alls batna* 62, 3 wird durch die Lesung *m'n* correct, bildet also keine Ausnahme. Dann aber stossen wir wieder auf drei *hón*: *á sér hón ausask* 27, 5, *hapt sá hón liggja* 35, 1, *sal sá hón standa* 38, 1, und drei weitere Personalpronomina: *ǫnd þau né ǫttu, óð þau né hǫfðu* 18, 1 f., *drepr hann af móði* 56, 5, einen Artikel hendi inni hœgri 5, 3, mehrere Demonstrativa: *varð af þeim meiði* | *es* 33, 1 (die Besserung zu *meiði* | *þeims* liegt auf der Hand) und *verðr af þeim ǫllum* 40, 5; ferner *sól þat né vissi* 5, 5. Letztere Zeile ist besonders merkwürdig, denn es folgen unmittelbar darnach die Verse *máni þat né vissi* und *stjǫrnur þat né vissu* mit dreisilbiger Senkung, die nur noch in dem durch Einsetzung zweier *hón* geschwellten Verse *seið hón hvars hón kunni* 22, 5, eine Parallele findet (denn *valði henni Herfǫðr* ist längst berichtigt, ehe man von eddischer Metrik etwas wusste), aber mit dieser auch gewiss fallen muss. V. 5, 7 *stjǫrnur né vissu* bleibt hiernach als ein neues Beispiel zweisilbiger Senkung übrig. Endlich kommen noch die drei Verse *hverr skyldi dverga* 9, 5, *eða skyldi goð ǫll* 23, 7, *hverr hefði lopt allt* 25, 7 in Betracht. Sie gehören alle zum Typus A 3 und können ebenso geduldet werden wie etwa 26, 5. 41, 5; nur ist mir immerhin die Wiederkehr derselben Unregelmässigkeit auffallend, und ich möchte wieder wenigstens die Frage aufwerfen, ob nicht im Original überall direkte Rede gestanden habe, also '*Hverr skal dverga . . .*, '*Hvárt skulu æsir . . . eða skulu goð ǫll . . .* und '*Hverr hefr lopt allt . . .*' Eine völlige Sicherheit ist natürlich, wie ich schon in meinem ersten Aufsatz zur Eddametrik, Beitr. VI, 312 ff., zugegeben habe, nach der Lage der Dinge nicht zu erreichen.

Bezüglich der verschleifbaren Senkungen habe ich einerseits auf die Verse *þa vas grund gröin* 4, 7 und *sa nam Óðins sonr* 33, 7 wegen der Verkürzung von *þá* und *sá* zu verweisen (oben S. 10), andererseits noch darauf aufmerksam zu machen, dass an sich verschleifbare Senkungen mit Pronominibus an zweiter Stelle, wie *gaf hann, nam hón,* doch nach dem was sonst über den Gebrauch dieser Pronomina festgestellt wurde, vielfach verdächtig sind.

Auftakt findet sich einige Male im Typus A überliefert, in dem Refrainvers *þá gengu regin ǫll* 6, 1 etc., und in den Eingangszeilen der Strophen 54. 56. 65 und in R auch 66; das überschüssige *þar* dieser Zeile fehlt aber in H. Ich halte alle diese Auftakte für unursprünglich. Man kann sie vielleicht durch Annahme zweisilbiger Senkung ohne weitere Correctur umgehen; möglich ist auch, dass in Str. 54 ff. nicht *þá* und *þar,* sondern der Artikel *inn* zu streichen ist.

1 (R 1, H 1).

A 2 l	Hljóðs bið-k[1] allar	helgar[2] kindir,	A 1
A 1	meiri ok minni	mǫgu Heimdallar:	D 1 (v 1)
A 2 b (vs?)	vildu at (ek) Valfǫðrs[3]	vel fyr telja	A 1 (?)
A 2 k	forn spjǫll fira[4],	þaus[5] fremst um man.	B

2 (R 2, H 2).

A 2 l	Ek man jǫtna	ár um borna,	A 1
B	þás[6] forðum mik	fœdda hǫfðu;	A 1
A 2 l	nïu man-k[7] heima,	nïu ïviði[8],	D 2 (v 1)
A 2 l	mjǫtvið[9] mæran	fyr mold neðan.	C 3

3 (H 3, R 3, SE I, 38. II, 255).

A 1	Ár vas alda	þars[10] Ymir bygði.[11]	C 2
B (vs)	vasa sandr né sær	né svalar unnir;	C 2
A 2 l	jǫrð fannsk æva[12]	né upphiminn:	C 3
D 1	gap v's[13] Ginnunga,	enn gras hvergi.[14]	C 1

4 (R 4, H 4).

C 3	Áðr Burs synir	bjóðum um ypðu,	A 1 (vs)
A 3	þeir es miðgarð	mæran[15] skópu.	A 1
A 2 l	sól skein sunnan	á salar[16] steina:	C 2
C 3 (vs)	þa vas[17] grund gróin	grœnum lauki.	A 1

5 (R 5, H 5; v. 5—10 SE I, 50. II, 257.)

A 2 l	Sól varp sunnan,	sinni mána,	A 1
A 1 (2 s?)	hendi(inni)[18] hœgri	um himinjǫður.[19]	C 4
A 1 (2 s?)	sól [þat] né vissi	hvar (hón) sali átti,	C 2 (vs?)
A 1 (3 s?)	máni [þat] né vissi	hvat (hann) megins átti,	C 2 (vs?)
A 1 (3 s?)	stjǫrnur [þat] né vissu	hvar (þær) staði ǿttu.[20]	C 2 (2 s?)

1) blð æc resp. ek RH.   2) helgar H, fehlt R.   3) vildo at ek valfavþ' R, villtu at ek Vafǫðrs H.   4) fíra Edd.·   5) þav er R, þau er ek H Vigfusson metrisch anstössig.   6) þa er RH.   7) man æc R, man ek H.   8) luidiur H.   9) mjǫtuð Vigfússon, metrisch falsch.   10) þar er RH.   11) þar (þat rW) er ekki var SE.   12) æva] elgi rU.   13) uar R, var H.   14) hvergi] ekki HrW.   15) mæran miðgarð H, metrisch auffällig.   16) saltar Vigfusson, metrisch falsch.   17) var R, uar H.   18) handar innar Vigfusson, gegen das Metrum.   19) vm himin iodyr R, of iodur H.   20) diese Langzeile vor der vorhergehenden RH.

6 (R 6, H 6).

[a] A 3 (v 2)	[Þá] gengu¹ regin ǫll á rökstóla,	C 1
E 1	ginnheilug guð ok um þat gættusk:	A 3 (v 1)
A 1	nótt ok niðjum² nǫfn um gǫfu,	A 1
A 1	morgin hétu ok miðjan dag,	B
A 1 (2 s)	undorn ok aptan ǫrum at telja.	A 1 (vs)

7. (B 7, H 7).

A 1	Hittusk æsir á Iðavelli	C 2
B	þeirs³ hǫrg ok hof hátimbruðu⁴;	D 2
A 1	aflu lǫgðu, auð smíðuðu,	D 2
A 1	tangir skópu ok tól gǫrðu.	C 1

8 (R 8, H 8).

A 1	Tefldu í túni, teitir vǫru,	A 1
B (2 s?)	— vas þeim vettergis⁵ vant ór golli —	A 1
C 2	unz þrïar kómu þursa meyjar	A 1
E 1	ámǫtkar mjǫk ór jǫtunheimum.	C 2

9 (R 9, H 9, SE I, 64. II, 260).

[a] A 3 (v 2)	[Þá]⁶ gengu regin ǫll á rökstóla,	C 1
E 1	ginnheilug guð ok um⁷ þat gættusk:	A 3 (v 1)
A 2 (2 s)	hverr skyldi⁸ dverga drótt of skepja⁹	A 1
C 2	ór Brimis blóði¹⁰ ok ór Blaíns leggjum.¹¹	C 2 (vs)

10 (R 10, H 10; V. 4—8 auch SE I. 64. II, 260).

C 1 (2 s)	Þar vas¹² Móðsognir mæztr um¹³ orðinn	A 1
A 1	dverga allra, enn Durinn annarr;	C 2
C 1	þeir¹⁴ mannlíkun¹⁵ mǫrg um¹⁶ gǫrðu¹⁷	A 1
A 1 (vs)	dvergar¹⁸ í jǫrðu, sem Durinn sagði.¹⁹	C 2

---

1) gen | gengu R. 2) nótt með niðom *Vigfússon, metrisch falsch.* 3) þeir er R. 4) *für diese Langzeile hat* H *afls* kostvðv, allz freistuðv. 5) vettugis H; *der Vers gehört, wie er dasteht, zum Typus C; oder ist etwa nach A zu lesen* vas þeim vætrgis? 6) Z. 1—4 *abgekürzt* þa g. r. a. ar. R. 7) of rW. 8) hverer skylldu R, at skyldi r; *lies* hverr *skal oder* hverir skulu? 9) drotin scepia R, drott' skepia H, drott of skepia rW, drott vm spekia U. 10) or brimi blóðgu HSE. 11) oc or blam leciom R, ok or blains legglum H, *ok* blám' lecivm U, *oc* or blam slecivm r, *ok* or blaens leggium W. 12) vas *fehlt* R. 13) of H. 14) þar rW. 15) maunlikan H. 16) of HrW. 17) görðuz rW; or moðkom *gorðo Vigfússon gegen das Metrum.* 18) dverga H. 19) sem þeim dyrinn kendi U.

— 19 —

11 (V. 1—4. 9—12 R 11; V. 1—12 H 11—12, 4. 1—6; V. 9—12 SE I, 64 f. II, 261).

A2k(v1)	Nyï ok¹ Niði,	Norðri ok² Suðri,	A1
A1	Anstri ok² Vestri,	Alþjófr, Dvalinn,	A2k
A2k	Nár³ ok⁴ Naïnn,	Nipingr⁵, Daïnn,	A2k
A2b	Veggr ok Gandálfr,	Vindálfr, Þorinn,⁶	A2k
A2	Bifurr, Bǫfurr⁷,	Bomburr⁸, Nori,	A2k(?)
A1	Ánn ok Anarr⁹,	Aï¹⁰, Mjǫðvitnir.¹¹	D1(v1)

12 (R 12, H 11, 11—12. 12, 5—10. SE I, 66. II, 261).

A2b	Veigr¹² ok Gandálfr,	Vindálfr, Þraïnn¹³,	2Ak
A2k	Dekkr ok Þorinn¹⁴,	Þrór¹⁵, Vitr ok Litr¹⁶,	E1
A2b	Nár¹⁷ ok Nýráðr:	nú hef-k¹⁸ dverga	A1
A2b(v1)	— Reginn ok Ráðsviðr¹⁹ —	rétt um talða²⁰.	A1

13 (1—4. 9—12, R 13; 1—12, H 13—14, 2, SE I, 66. II, 261).

A1	Fíli²¹, Kíli,	Fundinn, Nali,²²	A2k(?)
A1	Hepti, Víli²³	Hánarr, Svïurr,	A2k
A2k	Nár²⁴ ok Naïnn,	Nípingr, Daïnn.	A2k
A2k	Billingr,²⁵ Bruni,	Bildr ok Búri,	A1
D2	Frár, Hornbogi²⁶,	Frægr²⁷ ok Lóni,	A1
A2k	Aurvangr, Jari,	Eikinskjaldi.	A1

14 (R 14, H 14, 3—10).

A3	Mál es dverga	i Dvalins lidi	C4
A1	ljóna kindum	til Lofars telja;	C2

1) ok fehlt HUr. 2) ok fehlt HSE. 3) naar H, fehlt U. 4) ok fehlt UrW.
5) niningr U. 6) diese Langzeile hier nur in H, in den andern zu Anfang der folgenden Strophe. 7) bivavr bavavr R, bifvr bafvr H, bivor bavrr U, bifurr bafurr r; bavor oder bavvr W. 8) bavmbur R, bombvr H, bambavrr U, bavmbavr r, hombvr oder bombor W.
9) án oc anar R, ann ok onar H, orr annarr U, onarr (ohne den ersten Namen) r, onl onarr W.
10) ounl oder oinn U, oinn r. 11) moðvitnir r. 12) Die Langzeile in H in der vorausgehenden Strophe, s. oben; für Veigr steht viggr U, vigr rW. 13) Þorinn SE (= H); danack folgt in SE die Langzeile Fill Kili, Fundinn, Váli = 13,1. 14) þrar ok þrainn H, þior þorinn U, þror þroin rW. 15) Þekkr rW, fehlt U. 16) litr ok vitr W, litr vltr r. 17) nyr H rW, fehlt U. 18) hefi ec resp. ek RH; die ganze Halbzeile fehlt SE. 19) reckr raþsviþr SE. 20) Die ganze Halbzeile fehlt SE. 21) die Langzeile nach 12, 2 SE. 22) uali SE.
23) hefti fili rU, die ganze Langzeile nach 15,6 SE. 24) Diese Langzeile hier nur H, wiederholt von 11, 5—6. 25) diese Langzeile fehlt R und mit dem Rest der Strophe in SE.
26) fror fornbogi H. 27) frǫg H.

3*

A3	þeir es¹ sóttu	frá salar steini	C2
E1	aurvanga sjǫt	til jǫruvalla.	C2

15 (R 15, 1—6, H 15, 1—6, SE I, 66. II, 261).

A3	Þar² vas Draupnir³	ok Dólgþrasir,	C3
D2	Hǫr, Haugspori,	Hlévangr, Gloïnn⁴,	A2k
A1	Dóri, Ori,	Dúfr, Andvari,	D2
A1	Skirfir, Virfir,	Skáfiðr, Aï.	A2k

16 (R 15, 7—14, H 15, 7—16, 4).

A1	Álfr ok Yngvi,	Eikinskjaldi,	A1
A1(v1)	Fjalarr⁵ ok Frosti,	Finnr ok Ginnarr;	A1
C1(2s)	Þat man æ⁶ uppi	meðan ǫld lifir,	C3(vs)
E1	langniðja tal	Lofars⁷ hafat.	C2(?)

17 (R 16, 1—8, H 17, 1—8).

C1	Unz þrír⁸ kómu	ór því liði⁹	C3
A1(vs)	ǫflgir ok ǫstkir¹⁰	æsir at húsi;	A1(vs)
A3	fundu á landi	lítt megandi¹¹	D3
A1	Ask ok Emblu	ørlǫglausa.	A1

18 (R 16, 9—17, 4, H 17, 9—18, 4).

A1(2s?)	Ǫnd [þau] né ǫttu,	óð [þau] né hǫfðu,	A1(2s?)
A1	lá né læti,	né litu góða;	C2
A21	ǫnd gaf Óðinn,	óð gaf Hœnir,	A21
A21	lá gaf Lóðurr	ok litu góða.	C2

19 (R 18, H 19, SE I, 76. II, 264).

A21	Ask veit-k¹² standa,¹³	heitir Yggdrasils,¹⁴	C3(2s)
A21	hǫr baðmr¹⁵ ausinn¹⁶	hvíta auri;	A1

---

1) þeim er H.   2) in SE sind Str. 15 und 16 abermals in Prosa aufgelöst und die Namen umgeordnet; ich nehme daraus nur die Halbzeilen 15,5.6 auf und lasse die im übrigen für meine Zwecke ziemlich unwesentlichen Varianten fort.   3) draufnir H.   4) hlęvangr gloi R, hlevargr gloinn H.   5) diese Langzeile fehlt H.   6) æ H, fehlt R.   7) der Vers ist zu kurz; lies til Lofars? (til nach tal ausgefallen).   8) þriar RH.   9) þussa brudir H.   10) østkir ok ǫflgir H, jǫðdisir askungar Vigfússon gegen das Metrum.   11) fundo alandi, ómegandi Vigfússon, die erste Halbzeile metrisch sehr auffällig.   12) veit ek alle.   13) standa RHU, ausinn rW.   14) ycdrasill R, yggdrasill HWU, yggdrasils r.   15) borinn U.   16) hellagr SE.

A3(v1.vs)	þaðan koma doggvar	þiers¹ í dala falla,	C2(2s?)
A3(v2?)	stendr æ yfir grænn²	Urðar brunni.	A1

20 (R 19—20, H 20—21).

A3(v1.vs)	Þaðan koma meyjar	marga vitandi	D3
E2(v1)	þríar ór þeim sal³	es und⁴ þolli stendr:	B(vs)
	Urð hétu eina,	aðra Verðandi,	} málaháttr
	— skóru á skíði —	Skuld ena þriðju:	
C1	þær lǫg lǫgðu,	þer líf kuru	C3
A1	alda bǫrnum,	ørlǫg segja.⁵	A1

21 (R 21—22, H 26).

A3(vs?)	Þat man (hón) folkvíg	fyrst í heimi,	A1
C1	es Gullveigu⁶	geirum studdu⁷	A1
C3(vs)	ok í hǫll Hoars⁸	hána brendu:	A1
A1	þrysvar brendu,	þrysvar borna,	A1
D1	opt ósjaldan —:	þó (hón) enn lifir.	C3(2s?)

22 (R 23, H 27).

A1(3s?)	Heiði [hána] hétu	hvars til húsa kom,	B(2s)
D2(v1)	vǫlu⁹ velspaa:¹⁰	vitti (hón) ganda,	A1(vs?)
A1(3s?)	seið [hón] hvars [hón] kunni,	seið [hón] hugleikin¹¹,	D1
A1(vs?)	æ vas (hón) angan	illrar brúðar.	A1

23 (R 24. H 28).

[a]A3(v2)	[Þá] gengu regin ǫll	á rǫkstóla,	C1
E1	ginnheilug goð	ok um þat gættusk,	A3(v1)
A3	hvárt skyldu Æsir	afrað gjalda,	A1
A3(v1.2s)	eða skyldu¹² goð[in] ǫll	gildi eiga.	A1

24 (R 25, H 29).

A1	Fleygði Óðinn	ok í fólk um skaut:	B(vs)
A3(vs)	þat vas enn fólkvíg	fyrst¹³ í heimi;	A1

---

1) þers RH, þærs W, þær U, er r; *lies* os? 2) stendr hann æ yfir grænn W, stendr hann æ yfir grvn r, stendr yvir grein U. 3) sę R. 4) á H. 5) segia R, ut segia H. 6) gvll ueig R, gullueig H. 7) studdi H. 8) havll hárs R, hǫll haars H; hǫllu Hárs *Hildebrand*. 9) ok vǫlu H. 10) vel spa RH. 11) seið | hon kvni seiþ hos leikin R. 12) *lies* skulu? 13) fyr H.

A 2b(v 1)	brotinn vas borðveggr	borgar ása,	A 1
C 2(2 s)	knǫ́ttu vanir vígskǫ́ [1]	vǫllu sporna.	A 1

25 (R 26, H 22, SE I, 138, II, 280).

[a] A 3(v 2)	[Þá] gengu regin ǫll	á rǫkstóla,	C 1
E 1	ginnheilug guð	ok um þat gættusk,[2]	A 3(v 1)
A 3(2 s)	hverr[3] hefði[4] lopt allt[5]	lævi blandit	A 1
C 3(vs)	eða ætt jǫtuns Óðs[6] mey gefna.		A 2 1

26 (R 27, H 23; V. 5—8. 1—4, SE I, 138. II, 280).

E 1	Þórr einn þar vá[7]	þrunginmóði:[8]	A 1
B	hann sjaldan sitr	es (hann) slíkt um[9] fregn.	B(vs?)
A 2 1(2 s)	á gengusk eiðar,	orð ok[10] sœri,	A 1
A 2 1(v 2)	mǫ́l ǫll meginlig,	es á meðal fóru.[11]	C 2(vs)

27 (R 28, H 24).

C 1(2 s?)	Veit (hón) Heimdallar[12]	hljóð um fólgit	A 1
C 3	und[13] heiðvǫnum	helgum baðmi;	A 1
A 2 1(25?)	á sér [hón] ausask	augrum forsi	A 1
C 2	af veði Valfǫðrs[14]:	vituð [ér] enn eða hvat?[15]	E 1(v 1.vs.)

28 (R 29; 7—8 SE I, 70. II, 262).

A 2 1(vs?)	Ein sat [hón] úti	(þá) es inn aldni kom	B(vs)
A 2 1	Yggjungr ása	ok í augu leit:	B(vs)
B	'Hvers fregnið mik,	hví freistið mín?	B
A 2 1	allt veit-k[16], Óðinn,	hvar (þú)[17] auga falt.'[18]	B(2s?)

29 (R 29, SE I, 70. II, 262).

. . . .

A 3(vs)	í[19] innm mæra Mímis brunni:		A 1
C 1	drekkr mjǫð[20] Mímir	morgin[21] hverjan	A 1

---

1) uigspa R. 2) V. 1—4 abgekürzt þa g. r. o. R. 3) hverir R, hverr HSE. 4) lics hefr? 5) alt fehlt U. 6) osk U. 7) þar var R, þar va HU, þat va W, þat vas r. 8) þrunginn moði HUW. 9) of HSE. 10) ok ok H. 11) voru H, V. 5—6 vor 1—4 rU, fehlen W. 12) heidalar R. 13) undir RH. 14) Valfǫdor Vigfússon gegen das Metrum. 15) uitoþ er en e. hvat R, ultu þer enn gðr hvat H. 16) neit ec alle. 17) a r. 18) danach þitt unterpunktiert R. 19) í þeim U, vr þeim r. 20) mióð R, mjǫð UW, móð r. 21) imorgun r, metrisch falsch.

C2	af veði¹ Valfǫðrs:²	vituð enn eða hvat?³	E1(v1.vs)

30 (R 30).

A2(3s?)	Valði [henni] Herfǫðr	hringa ok men	E2(?)
A21	féspjǫll faklig	ok spáganda	C1
B(2s1.vs2?)	sá [hón] vítt ok um vitt	of verold hverja.	C2

31 (R 31).

C1(2s?)	Sá (hón) valkyrjur	vítt um komnar,	A1
A1(vs)	gǫrvar at ríða	til Goðþjóðar;	C1
A21	Skuld helt skildi,	enn Skǫgul ǫnnur,	C2
A21	Gunnr, Hildr, Gǫndul	ok Geirskǫgul:	C3
A1(vs)	nú eru talðar	nǫnnur Herjans,	A1
A1(vs)	gǫrvar at ríða	grund valkyrjur.	D1

32 (R 32).

A3	Ek sá Baldri	blóðgum tívur,	A1
A21	Óðins barni	ørlǫg fólgin;	A1
A3	stóð um vaxinn	vǫllum⁴ hæri	A1
A2b	mjór ok mjǫk fagr	... mistiltcinn.	?

33 (R 33).

A3(2s?)	Varð af (þeim) meiði	es⁵ mær sýndisk	C1
A21	harmflaug hættlig:	Hǫðr nam skjóta;	A21
D4	Baldrs bróðir vas	of borinn snemma,	C2
B(vs)	sá nam Óðins sonr	einnættr vega.	A2k

34 (R 34).

B(2s?)	Þó [hann] æva hendr	né hǫfuð kembði,	C2
B(2s)	áðr á bál um bar	Baldrs andskota;	D2
B	enn Frigg um grét	í Fensǫlum	C3
D1	vá Valhallar:	vituð [ér] enn eða hvat?⁶	E1(v1.vs)

1) veiþi r, *metrisch falsch*. 2) Valfǫðrs rW, v. R, valsfavþ U. 3) v. e. e. h. R, vituð þer (viti þer U) enn eða hvat SE. 4) vollo R, fyrir Valhǫll austan *Vigfússon gegen das Metrum*. 5) *oder* Varð af meiði | þeims mær syndisk? 6) v. e. e. e. h. R.

35 (R 35, H 30).

A 21(2ʀ?)	Hapt¹ sá [hón] liggja und² hvera lundi.	C 2
A 21	lægjarns³ líki Loka ápekkjan.	D 1(v1)
A 3	Þá kná Vála vígbǫnd snua	A 2 k
A 2 b (vs)	(heldr vǫru harðgør hǫpt) ór þǫrmum.	A 1
C 3 (?)	Þar sitr Sigyn⁴ þeygi um sínum	A 3 (?)
D 1	ver vel glýjuð: vituð [ér] enn eða hvat?⁵	E 1 (v 1. vs)

36 (R 36).

A 21	Ó fellr austan um eitrdala	C 3
A 1 (vs)	søxum ok sverðum: Slíðr heitir sú.	D 4 (?)

. . . .

. . . .

37 (R 36).

A 3	Stóð fyr norðan á Niðavǫllum	C 2
A 1	salr ór gulli Sindra ættar;⁶	A 1
B	enn annarr stóð á Ókólni	C 1
A 2 k	bjórsalr jǫtuns, (enn) sá Brimir heitir.	C 2 (2ʀ?)

38 (R 37, H 34, SE I, 200. II, 292).

A 21(2s?)	Sal sá [hón]⁷ standa sólu fjarri	A 1
E 1	Nástrǫndu⁸ á: norðr horfa dyrr;	E 1
C 3	fellu eitrdropar inn um¹⁰ ljóra:	A 1
B	sú's¹¹ undinn salr orma hryggjum.	A 1

39 (R 38, H 35; 1—4. 7—8, SE I, 200. II, 292.

C 3 (2s?)	Sá [hón]¹² þar vaða þunga strauma	A 1
D 2	menn meinsvara¹³ ok morðvarga¹⁴	C 1
B (2s?)	ok þanns¹⁵ annars glepr eyrarúnu;¹⁶	A 1

---

1) Z. 1—4 nur in R, 5—8 nur in H.   2) undir R.   3) lęgiarn R; *Vigfússon schreibt* Vila gornum | Vloka áþekkjan!   4) þar Sigyn sitr | of sínom veri || . . . vel glýjoð *Vigfússon mit metrischem Fehler in der ersten Halbzeile.*   5) v. þ. e. h. R, vitv þer enn eða hvat H.
6) enn sú Sindri heitir *Vigfússon gegen das Metrum.*   7) sier hon H, veit ek SE.
8) nástravndv U.   9) falla HSE.   10) of rW.   11) sa er RHSE.   12) ser hon H, skulu SE.   13) -svarar U.   14) -vargar RrW, morþingar U.   15) þaʀ R; *lies* es?
16) eyrna runa H.

— 25 —

A3	þar¹ saug² Niðhöggr nai framgengna,	D1(v1)
C3	sleit vargr vera:³ vituð [ér] enn eða hvat?⁴	E1(v1.vs)

40 (R 39, H 25, SE I, 58. II, 259).

A2l(vs)	Austr sat⁵ in aldna⁶ í járnviði⁷	C3
B	ok fœddi⁸ þar Fenris kindir;	A1
A3(2s?)	verðr af (þeim) öllum einna nökkurr⁹	A1
D2	tungls tjúgari¹⁰ í trolls hami.	C3

41 (R 40, H 25, SE I, 60. II, 259).

A1	Fylliak fjörvi feigra manna:	A1
D4	rýðr ragna sjöt rauðum dreyra;	A1
A2l(2s)	svört verða sólskin¹¹ of¹² sumur eptir,	C2
A2l	veðr öll válynd:¹³ vituð [ér] enn eða hvat?¹⁴	E1(v1.vs)

42 (R 41, H 32).

A1(vs)	Sat þar á haugi ok sló hörpu	C1 ·
A1	gýgjar hirðir, glaðr †Eggþér;¹⁵	?
A1	gól um hönum¹⁶ í gaglviði¹⁷	C3
A2k	fagrrauðr hani, sás¹⁸ Fjalarr heitir.	C2

43 (R 42, H 33).

A1	Gól um¹⁹ ósum Gullinkambi:	A1
A3	sá vekr hölða at Herjaföðrs;²⁰	B
B	enn annarr gelr fyr jörð neðan,	C3
A2k	sótrauðr hani at sölum Heljar.	C2

44 (R 43, H 36).

A2b	Geyr nú²¹ Garmr mjök fyr Gnipahelli:	C2
A1	festr mun slitna, enn freki renna.	C2

---

1) þa r.   2) svg R, kvelr SE.   3) slitr vára varga *Vigfusson gegen das Metrum*.
4) v. e. e. e. h. R, vitv þer enn eða hvat H.   5) byr HSE.   6) arma U.   7) Iarnviðlu W.
8) feðir H, færðir SE.   9) ima nockvr U, einu máttkastr *Vigfusson gegen das Metrum*.
10) tregarl U.   11) var þa R.   12) um HU.   13) verþr avll valvd r, verþr oll va. ly. U.
14) v. e. h. R, vitv þer enn eðr hvat H, v. einn ok h. U, vituð ér enn eða hvat rW,
15) eghér R, egðir H.   16) yfir *ohne* hánum H.   17) igalguiði H.   18) sa er R, enn sá H.
19) yfir H.   20) at hiarar at heriafavdrs R.   21) nú *fehlt* R; *in* H *ist die Strophe abgekürzt*
Geyr nu garmr miok fyrir gn. h. f. man sl. enn f.

A 21	Fjǫlð veit-k[1] fræða,	fram sé-k[2] lengra	A 21
B	um ragna rok.	rǫnum sigtíva.	D 1

45 (R 44, H 37—38, 1—10, SE I, 186. II, 290).

A 1 (vs)	Brœðr munu berjask	ok at bǫnum verðask,[3]	C 2 (vs)
C 1 (vs)	munu systrungar	sifjum spilla;	A 1
A 1	hart's[4] í heimi,[5]	hórdómr mikill,	A 2 k
A 21	skeggǫld,[6] skálmǫld,	skildir'o[7] klofnir,[8]	A 1 (vs)
A 21	vindǫld, vargǫld,	áðr[9] verǫld steypisk.	C 2
A 1	grundir gjalla	gífr fljúgandi[10]	D 2
B	man engi maðr	ǫðrum þyrma.[11]	A 1

46 (R 45, 1—8, H 39; V. 4—8 SE I, 192. II, 291).

C 3 (2s)	Leika Míms synir,	enn mjǫtuðr kyndisk	C 2
A 3 (vs)	at enu[12] galla[13]	Gjallarhorni;	A 1
A 21	hǫtt blæss Heimdallr,	horn's[14] á lopti;[15]	A 1
A 1	mælir[16] Óðinn	við Míms[17] hǫfuð.	C 3

47 (R 45, 9—12. H 40; V. 1—4 SE I, 192. II, 292).

C 3	Skelfr Yggdrasils	askr standandi;[18]	D 1
D 4	ymr [it] aldna tré,	enn jǫtunn losnar.[19]	C 2
A 1	hræðask[20] allir[21]	á helvegum,	C 3
B	áðr Surtar þann	seti of gleypir.	A 1 (v 1)

48 (R 46).

A 2 b	Geyr nú garmr mjǫk	fyr Gnipahelli[22]	C 2

u. s. w. wie Str. 44.

49 (R 47, H 43, SE I, 194, a).

A 21	Hrymr ekr austan,	hefsk[23] lind fyrir;	A 2 k (D 2?)
B	snýsk jǫrmungandr	í jǫtunmóði;	C 2

---

1) veit hon R.   2) se ec R.   3) verþa RU.   4) hart er *alle*.   5) með hǫlðum rW.   6) skecioldd r, skeggiold W.   7) skildir ro R, skil(l)dir HSE.   8) klofna U.   9) vndz U.   10) diese Langzeile nur in H.   11) diese Langzeile fehlt rW.   12) en R.   13) gamla H.   14) horn er *alle*.   15) alopt r.   16) mer r.   17) mimis U.   18) *diese Langzeile nach der folgenden* R.   19) a-sir erv a þingi U, ok or jǫrðo losnar *Vigfusson gegen das Metrum*.   20) V. 4—8 *nur in* H.   21) *Bugge's Vorschlag* halir *für* allir *ist gegen das Metrum*.   22) abgekürzt geyr uv g. R.   23) hefiz resp. hefiz *alle*.

— 27 —

A2l	ormr knýr unnir,	enn ari blakkar,[1]	C2
C2	slítr naï neffolr,[2]	Naglfar losnar.	A2l

50 (R 48, H 44, SE I, 194, b rW).

A2l	Kjóll ferr austan:	koma munu Múspells	A2(v1.vs)
C1	um[3] lǫg lýðir,	enn Loki stýrir.	C2
D2(v1)	fara[4] fíflmegir[5]	með freka allir,	C2
A3	þeim es bróðir	Býleipts[6] í fǫr[7].	E1

51 (R 49, H 41, SE I, 192. II, 292,b).

A3	Hvat's[8] með ǫsum,	hvat's[9] með ǫlfum?	A3
C1(v2?)	gnýr[10] allr jǫtunheimr,	æsir-'o[11] á þingi,	A1(3s)
A1	stynja dvergar	fyr steindurum,	C3
A2l	veggbergs vísir:	vituð enn eða hvat?[12]	E1(v1.vs)

52 (R 50, H 45, SE I, 40. 194, e. II, 255).

A2l	Surtr[13] ferr sunnan	með sviga lævi:	C2
A3	skinn af sverði	sól valtiva.	D1
A2k	grjótbjǫrg gnata,	enn gífr[14] rata,	C3
C2(vs)	troða halir helveg,	enn himinn klofnar.	C2

53 (R 51, H 46, SE I, 196, a rW).

A3	Þá komr Hlínar	harmr[15] annarr fram,	E1
B	es Óðinn ferr	við úlf vega,	C3
C2	enn bani Belja	bjartr at Surti:	A1
A3	þá man Friggjar	falla angan.[16]	A1

54 (R 52, SE I, 196, b rW).

[n]A3	[Þá] komr inn mikli	mǫgr Sigfǫður,	D2
A2k	Víðarr vega[17]	at valdýri:	C1

---

1) avrn mvn hlacka r.   2) niðfolr HrW.   3) of rW.   4) farar H, þarro r.   5) fða megir R.   6) by leipz R, byleistz HW, bylelz r.   7) ferd H.   8) hvat er alle.   9) hvat er HHrW; in U lautet die Halbzeile hvat með asynivm.   10) gnygr W, ymr r; die ganze Langzeile fehlt in U.   11) ǫsir ro R, æsir eru H.   12) v. e. e. h. R, uitv þer enn eða hvat H.   13) svartr U.   14) gvþr U; en gifor rakna Vigfússon gegen das Metrum.   15) hamr rW.   16) angan | tyr R.   17) Für Vers 1—3 haben rW Gengr Óðins son við úlf vega Viðarr of veg.

— 28 —

C2(2s?)	lætr (hann) megi hveðrungs	mund um¹ standa	A1
A1	hjor til hjarta:	þá's² hefnt fǫður.	C3

55 (H 48).

A2k	Ginn lopt yfir	gjǫrð iarðar neðan ....³	E(?)

56 (R 53, H 49, SE I, 196, e rW).

[n]A3	(Þá) komr⁴ inn mæri	mǫgr Hlóðynjar:	D1
B	gengr⁵ Óðins sonr	við úlf vega;	C3
A3(2s?)	drepr (hann) af móði⁶	miðgarðs veurr:	A2k
C2(vs)	munu halir allir⁷	heimstǫð ryðja;	A2l
C3	gengr fet níu	Fjǫrgynjar burr⁸	E1
A1	neppr frá⁹ naðri	níðs ókvíðnum.	D1

57 (R 54, H 50, SE I, 198, II, 292, e).

A2l	Sól¹⁰ tér¹¹ sortna,	sigr¹² fold í mar,¹³	E1
A1	hverfa af himni	heiðar¹⁴ stjǫrnur;	A1
A1	geisar eimi	ok aldrnari,¹⁵	C3
C3	leikr hǫr hiti	við himin sjálfan.	C2

58 (R 55, H 51).

A2	Geyr nú garmr mjǫk	fyr Gnipahelli¹⁶	C2
	u. s. w. wie Str. 44.		

59 (R 56, H 52).

C3(2s?)	Sér (hón) upp koma	ǫðru sinni	A1
A1	jǫrð ór ægi	iðjagrœna:	A1
A1	falla forsar,	flýgr ǫrn yfir,	A2k (D2?)
A3	sás¹⁷ á fjalli	fiska veiðir.	A1

---

1) of rW. 2) þa er RrW. 3) *der Rest der Strophe nur ganz fragmentarisch erhalten* H. 4) þá komrj Gengr rW; *in* H *sind von der ganzen Strophe nur die Worte* munu halir al ... ydia *erhalten, in* U *fehlt die Strophe.* 5) gengr *streicht Vigfússon gegen das Metrum; in* SE *fehlt die ganze Langzeile.* 6) es af móði drepr SE. 7) hallir allir r, Heljar-sinnar *Vigfússon gegen das Metrum.* 8) *die ganze Langzeile fehlt in* SE, *welche so ordnet:* 1. 2. 11. 12. 7. 8. 5. 6. 9) af W, at r. 10) *fehlt* H. 11) unun SE. 12) sǫkkr rW. 13) sigrfolldinar U. 14) heiðum W. 15) við aldr nara R. 16) *in* R *abgekürzt* Geyr u., *in* H *fehlt* nú *am Zeilenanfang.* 17) sa er R, saa er H.

60 (R 57, H 53).

A 3	Finnask[1] æsir á Iðavelli	C 2
C 3 (vs)	ok um moldþinur mótkan dœma;	A 1
B	ok minnask þar á megindóma[2]	C 2
B (vs)	ok á Fimbultýs fornar rúnar.	A 1

61 (R 58, H 54).

A 3 (vs)	Þar munu eptir[3] undrsamligar	D 2
A 1	gullnar töflur í grasi finnask,[4]	C 2
C 3 (2s?)	þærs[5] í árdaga áttar höfðu.	A 1

62 (R 59, H 58).

C 1 (vs)	Munu ósánir akrar vaxa,	A 1
A 2 1 (2s?)	bols m(a)n alls batna, man Baldr[6] koma:	C 3
B (vs)	bua [þeir] Höðr ok Baldr Hropts sigtoptir	D 1
D 1	vel valtívar: vitoð enn eða hvat?[7]	E 1 (v 1. vs)

63 (R 60, H 56).

A 3	Þá kná Hœnir hlautvið[8] kjósa	A 2 1
. . . .		
C 2	ok burir[9] byggja brœðra Tveggja	A 1
A 2 1	vindheim víðan: vitoð onn eða hvat?[7]	E 1 (v 1. vs)

64 (R 61, H 57, SE 1, 78. II, 264).

D 1	Sal sér [hón][10] standa sólu fegra	A 1
A 1	gulli þakðan[11] á Gimlee:[12]	C 3
A 3 (vs)	þar[13] skulu dyggvar dróttir byggva	A 1
C 3 (vs)	ok um aldrdaga ynðis njóta.	A 1

65 (H 58).

[a] A	[Þá] kømr inn ríki at regindómi	C 2

---

1) hittaz H. 2) *die Langzeile fehlt in* R. 3) æser H. 4) finna H. 5) þers R, þærs H; *etwa es zu lesen?* 6) baldr mvn R *und die Herausgeber ausser Grundtvig, gegen das Metrum.* 7) v. e. e. h. R, uitu þer onn oðr hvat H. 8) hlvtvið H. 9) oc byrir R, er burir H. 10) sér hón] veit ek SE. 11) betra r. 12) a gimle *alle*. 13) þann W

A2k	ǫflugr ofan,	sás¹ ǫllu næðr.	B

. . . .
. . . .

66 (R 62, H 59).

[n]A3	[Þar]² kømr inn dimmi	dreki fljúgandi,	D1(v1)
A2k	naðr fránn neðan	frá Niðafjǫllum:³	C2
A3(vs)	berr ser í fjǫðrum	— flýgr vǫll yfir —	A2k(D2?)
A2k	Níðhǫggr nai:	nú man (hón) sokkvask!	A1(vs?)

1) sa er H.   2) þar fehlt H.   3) fjǫllum fehlt H.

II. Vegtamskviða.

Das Gedicht ist in A überliefert. Zur Metrik bemerke ich nur, dass A2l für die erste Halbzeile ebenso typisch ist (2, 1. 3, 5. 7. 6, 1. 9, 1. 11, 1) wie A2k für die zweite: 4. 6. 9, 2 (þinnig Hildebrand gegen die Handschrift). 11. 4. 14. 8. Ausnahme macht nur foldvegr dundi 3, 6. Ein erheblicher Unterschied im Gebrauche der drei Formen von C in den beiden Halbzeilen ist nicht zu bemerken.

A3(vs)	1. Senn vǫru æsir	allir á þingi,	A1(vs)
C1	ok ásynjur	allar á máli;	A1(vs)
A3(v1)	ok um þat réðu	ríkir tívar,	A1
A3(vs)	hví veri Baldri	ballir draumar.	A1
A21	2. Upp reis Óðinn,	†alda gautr,¹	?
A3(v1)	ok hann á Sleipni	sǫðul um lagði;	A1(v1)
C3(2s?)	reið (hann) niðr þaðan	Niflheljar til,	E1
A3(vs?)	mætti (hann) hvelpi	þeims² ór helju kom.	B(2s)
A3	3. Sá vas blóðugr	um brjóst framan,	C3
C3	ok galdrs fǫður	gó um³ lengi.	A1

1) Der Vers ist zu kurz.   2) þeim er A; lies es?   3) golv A.

A21	fram reið Óðinn,	foldvegr dunði,	A21
A21(vs)	hann kom at hǫvu	Heljar rauni.	A1
A3	4. Þá reið Óðinn	fyr austan dyrr,	B
A3	þars[1] hann vissi	vǫlu[2] leiði;	A1(?)
C1(vs?)	nam (hann) vittugri	valgaldr kveða,	A2k
B	unz nauðig reis,	nás orð um kvað.	E1
B	5. Hvat's[3] manna þat	mér ókunnra,	D1
A1(vs)	es hofumk[4] aukit	erfit sinni?	A1
C2	vas-k[5] snivin snjóvi	ok slegin regni	C2
C2	ok drifin dǫggu,	dauð vas-k[6] lengi.	A1
A21	6. 'Vegtamr [ek] heiti-k,[7]	sonr em-k[8] Valtams,	A3
A3(vs)	seg[ðu] mer[9] ór helju	(ek man ór heimi):	A3(vs)
A3(vs)	hveim eru bekkir	baugum sánir,	A1
D2	flet fagrliga[10]	†flóið[11] gulli?'	?
A3	7. „Hér stendr Baldri	of brugginn mjǫðr,	B
A1	skírar veigar,	liggr skjǫldr yfir,	C3
C3	enn ásmegir	í ofvæni;	C1
A1	nauðug sagða-k,	nú mun-k[12] þegja."	A1
A1(2n?)	8. 'Þegjat[tu], vǫlva!	þik vil-k[13] fregna,	A1
C1	unz alkunna,	vil-k[13] enn vita:	C3
A3	hverr man Baldri	at bana verða,	C2
B	ok Óðins son	aldri ræna?'	A1
A21	9. „Hǫðr berr hǫvan	hróðrbaðm þinig;	A2k
A3	hann man Baldri	at bana verða,	C2
B	ok Óðins son	aldri ræna;	A1
A1	nauðug sagða-k,	nú mun-k þegja."[14]	A1

---

1) þar ær A. 2) lies vǫlvu? 3) Hrat ær A. 4) mer hafir A. 5) v' ec A. 6) var æk A. 7) ec heitl A. 8) æm æk A. 9) lies segðumk? 10) fagrl' A; fagrliga als möglich vermutet von Bugge (statt der gewöhnlichen Auflösung fagrllg). 11) flop' A; die übliche Lesung flóð oder flóið genügt dem Metrum nicht, und die Deutung von Egilsson, welcher flóþir auf bekkir zurückbezieht, erscheint zu gezwungen. 12) mvn æk A. 13) vil ec A. 14) navŏvg. s. n. m. þegin A.

— 32 —

A1(2s?)	10. 'Þegjat[tu], vǫlva!	þik vil-k fregna,	A1
C1		unz alkunna, vil-k enn vita:[1]	C2
C3(2s?)		hverr m(a)n heipt[2] Heði hefut of vinna,	A1
C3		eða Baldrs bana á bál vega?'	C3

A2l	11. „Vrindr berr Vála[3]	í vestrsǫlum,	C3
B(2s)	sa man Óðins sonr	einnættr vega:	A2k
A1	hǫnd um þvær-at	né hǫfuð kembir,	C2
B(vs)	áðr á bál um berr	Baldrs andskota;	D2
A1	nauðug sagða-k,	nú mun-k þegja."[5]	A1

A1(2s?)	12. 'Þegjat[t]u, vǫlva!	þik vil-k fregna,	A1
C1		unz alkunna, vil-k enn vita:[6]	C3
A3(vs)		hverjar 'o[7] [þær] meyjar, es at mœni gráta,	C2(vs)
C2(vs)		ok á himin verpa hálsa skautum?'	A1

A2b(2s?)	13. „Estat[tu] Vegtamr,	sem ek hugða,	C1
A3(2s?)	heldr est[u] Óðinn,	†aldinn gautr."	?

A3(2s?)	'Estat[tu] vǫlva	né vís kona,	C3
A3(2s?)	heldr est[u] þriggja	þursa móðir.'	A1

A2l(2s?)	14. „Heim ríð [þú], Óðinn	ok ves hróðigr!	A3
A3(vs)	svá komir[*] manna	meirr aptr á vit,	E1
C3	es lauss Loki	líðr ór bǫndum	A1
B	ok ragna røk	rjúfendr koma."	A2k

---

1) Z. 1—4 abgekürzt A.   2) So die Hs.; Bugge's Correctur heiptar ist wegen des Metrums wenig wahrscheinlich (B2s. v2?).   3) Rindr A; Vála fehlt A.   4) þværat] þværn schon die AM und Rask mit den Papierhss.; þvær A; die Ergänzung der Negation ist metrisch notwendig.   5) Z. 9—10 abgekürzt A.   6) Z. 1—4 abgekürzt A.   7) Hverlarro A.   8) komit A.

III. Þrymskviða.

Hier ist besonders die Verteilung der verschiedenen Unterarten von C zu beachten:

	C1.	C2.	C3.
Erster Halbvers	9—10	1	16
Zweiter Halbvers	4	17	4—5.

Die Belege für C1 im zweiten Halbvers sind *ok ærindi* 10, 2, *um kné falla* 15, 4, 19, 4 und *fyr skillinga* 32, 6; C2 im ersten Halbvers ist nur durch *ok mǫrum sínum* 5, 5 vertreten. Ganz ähnliche Verhältnisse zeigt übrigens auch die Hymiskviða, während in der Vǫluspǫ́ die Verhältnisse sind wie 13 : 10 für C1, wie 11 : 45 für C2 und wie 11 : 26 für C3.

A2b(2s)	1. Vreiðr vas þá Vingþórr,	es (hann) vaknaði	C3(vs?)
C3	ok síns hamars	um saknaði;	C3
A2(vs)	skegg nam at hrista,	skǫr nam at dýja,	A2l(vs)
B	réð jarðar burr	umb¹ at þreifask.	A1
A1(v1)	2. Ok hann þat orða	alls fyrst um kvað:	E1
A2k(vs)	„Heyr(ðu) nú, Loki!	hvat ek nú mæli,²	A1(v1?)
B	es engi³ veit	jarðar hvergi	A1
C3	né upphimins:	ǫ́ss's⁴ stolinn hamri!"	D1(v2)
A3(vs?)	3. Gengu (þeir) fagra	Freyju túna,	A1
A1(v1)	ok hann þat orða	alls fyrst um kvað:	E1
A3	„Munt(u) mér, Freyja!	fjaðrhams ljá,⁵	A2k
C3	ef [ek] minn hamar	mætta-k hitta?"	A1
?	4. 'Þó munda-k⁶ gefa þér,	þótt ór gulli væri,⁷	?
A3	ok þó selja,	at veri ór silfri!'	A3(vs)

---

1) vm R; doch dürfte diese Form kaum für die Hebung genügen. 2) *lies* hvat nú mæli-k? 3) eḡ R. 4) ass er R. 5) liá R. 6) menda ee R. 7) beide Zeilen sind überladen und ohne bedeutendere Aenderungen nicht mit den Forderungen des Metrums in Einklang zu bringen. Beitr. VI, 339 habe ich vermutet [þó] mundak gefa þér! þót veri ór golli.

— 84 —

A2k	Fló þá Loki, fjaðrhamr dunði,	A21
B(2s)	unz fyr útan kom ása garða	A1
B(2s)	ok fyr innan kom jǫtna heima.	A1
A21(vs)	5. Þrymr sat á haugi, þursa dróttinn,	A1
A1	greyjum sínum gullbǫnd snøri,	A2k
C2	ok mǫrum sínum mǫn jafnaði.	D2
A3	6. 'Hvat's¹ með ásum? hvat's¹ með álfum?	A3
C3	hvī'st[u]² einn kominn í jǫtunheima?'	C2
A1	„Ilt's³ með ásum! ilt's³ með álfum!	A1
C3(2s?)	hefr⁴ (þú) Hlórriða hamar um fólginn?"	A1(v1)
C3(vs)	7. 'Ek hef⁵ Hlórriða hamar um fólginn	A1(v1)
A1	átta rǫstum fyr jǫrð neðan:	C3
B	hann engi maðr aptr um heimtir,	A1
B(vs)	nema fœri mér Freyju at kvæn!'	E2
A2k	8. Fló þá Loki, fjaðrhamr dunði,	A21
B(2s)	unz⁶ fyr útan kom jǫtna heima	A1
B(2s)	ok fyr innan kom ása garða;	A1
A2b(?)	mœtti hann Þór miðra garða,	A1
A1(v1)	ok hann þat⁷ orða alls fyrst um kvað:	E1
C1(2s?)	9. 'Hefr (þú) erendi⁸ sem erfiði?	C3
A3(vs)	segðu á lopti lǫng tíðindi!	D1
C1	opt sitjanda sǫgur um fallask,	A1(v1)
C1	ok liggjandi lygi um bellir.'	A1(v1)
C3	10. „Hef-k⁹ erfiði ok ørindi:¹⁰	C1
A2k	Þrymr hefr [þinn] hamar, þursa dróttinn:	A1
B	hann engi maðr aptr um heimtir,	A1
A3(v1.vs)	nema honum fœri Freyju at kvǫn."	E2

1) hvat er R.   2) hvi ertv R.   3) ill er R.   4) hef* R.   5) hefi R. 6) oc | vnz R.   7) þat hann R.   8) für orendi verlangt der Vers 10, 2 sicher Länge der Wurzelsilbe, ebenso der Fünfsilb'er riða orindi Atlakv. 3, 2 und auch wol at riða orindi ib. 8, 8; die Länge wird also auch hier einzusetzen sein; ob aber eyrindi, œrindl oder etwa *orvindi gestanden, vermag ich nicht zu entscheiden.   9) hefi er R.   10) s. zu 9, 1.

— 35 —

A3(vs?)	11.	Ganga (þeir) fagra	Freyju at hitta,	A1
A1(v1)		ok hann þat orða	alls fyrst um kvað:	E1
A1(vs?)		'Bitt(u) þik, Freyja,	brúðar líni!	A1
A3(vs.v2)		vit skulum aka tvau	í jǫtunheima.'	C2
A3(2s?)	12.	Vreið varð [þá] Freyja	ok fnásaði:[1]	C3(?)
D4		allr ása salr	undir bilðisk,	A1
A3(vs)		støkk þat it mikla	men brisinga:	D1
C1		„Mik veizt[u] verða	vergjarnasta,	D1
B(vs)		ef ek ek með þér	í jǫtunheima."	C2
A3(vs)	13.	Senn vǫru æsir	allir á þingi,	A1(vs)
C1		ok ásynjur	allar á máli,	A1(vs)
A3(v1)		ok um þat réðu	ríkir tívar,	A1
C3(vs?)		hve (þeir) Hlórriða	hamar um sœtti.	A1(v1)
A3(vs)	14.	Þá kva(ð)þat Heimdallr,	hvítastr ása	A2l
A2b(vs?)		— vissi (hann) vel fram	sem vanir aðrir —:	C2
A2(vs)		'Bindu vér Þór þá	brúðar líni,	A1
A3(v1)		hafi [hann] it mikla	men brisinga!	D1
A3(vs)	15.	Lǫtum und hónum	hrynja lukla,	A1
C1		ok kvennváðir	um kné falla,	C1
A3		enn á brjósti	breiða steina,	A1
C3		ok hagliga	um hǫfuð typpum.'	C2
E1	16.	Þá kvað þat Þórr,	†þrúðugr áss:[2]	?
A3(vs)		„Mik munu æsir	argan kalla,	A1
B(vs?)		ef (ek) bindask læt	brúðar líni."	A1
A2k(vn)?	17.	Þá kva(ð)þat Loki,	Laufeyjar sonr:	E1
		†'Þegi þú, Þórr,[3]	þeira orða!	A1

1) fnásaði ist metrisch höchst auffällig; nach mhd. phnâsen ist wol fnâsaði zu setzen. Der Viersilbler við fnǫsun slíka FAS I, 519 = Herv. S. 213, 315 Bugge verlangt zwar kürze, aber vielleicht giengen einmal fnasa und fnâsa neben einander, wie mhd. phnast und phnâst. 2) die Zeile ist zu kurz; lies æsa? 3) der Vers ist zu kurz; Beitr. VI, 339 ist vermutungsweise nú vor Þórr ergänzt; oder darf man hier an Þonarr denken, wie Hym. 23, 2? Allerdings ist in Ham. die Form Þórr sonst durchgeführt.

5*

A3(v1.vs)		þegar munu jǫtnar ásgarð bua,	A2k
C3(vs)		nema [þú] þinn hamar þér um heimtir.'	A1
A2(vs?)	18.	Bundu (þeir) Þór þá brúðar líni	A1
A3(vs)		ok enu mikla meni brísinga.¹	D1(v1)
A3	19.	Létn und hǫnum hrynja lukla	A1
C1		ok kvennváðir um kné falla,	C1
A3		enn á brjósti breiða steina,	A1
C3		ok hagliga um hǫfuð typðu.	C2
A2k?	20.	Þá kvað Loki, Laufeyjar sonr:	E1
B		„Mun-k² ok með þér ambótt vesa,	A2k
A2b(vs.v2)		vit skulum aka tvær³ í jǫtunheima."	C2
A3(vs)	21.	Senn voru hafrar heim um reknir,	A1
A1(vs)		skyndir at skǫklum, skyldu vel renna:	A1(vs)
D2		bjǫrg brotnuðu, brann jǫrð loga,	A2k
D4		ók Óðins sonr í jǫtunheima.	C2
E1	22.	Þá kvað þat Þrymr, þursa dróttinn:	A1
A2(vs)		„Standið upp, jǫtnar, ok stráið bekki:	C2
B		nú færið mér Freyju at kvǫn,	E2
A1		Njarðar dóttur ór Noatúnum!	C2
A1	23.	Ganga [hér] at garði gullhyrnðar kýr,	E1
D1		øxn alsvartir, jǫtni at gamni:	A1
A21		fjǫlð á-k⁴ meiðma, fjǫlð á-k⁴ menja,	A21
A1(2s?)		einnar [mér] Freyju ávant þykkir."⁵	A21
A3(vs)	24.	Vas þar at kveldi um komit snimma,	C2
A1		ok fyr jǫtna ǫl fram borit;	D2
A21		einn át oxa, átta laxa,	A1
A1		krásir allar þers⁶ konur skyldu,	C2
B		drakk Sifjar verr sǫld þria mjaðar.	A2k(vn)

1) *die ganze Strophe abgekürzt, ebenso Str. 19 R.*   2) mvn ec R.   3) tvav R.
4) a ec R.   5) *wahrscheinlich* einnar Freyju | ávant þykkjumk.   6) þer or R.

E1	25. Þá kvað þat Þrymr, þursa dróttinn:	A1
A3	"Hvar sátt[u] brúðir bíta hvassara?	?
A3	sáka-k brúðir bíta breiðara,	?
B(vs)	ne inn meira mjǫð mey um drekka."	A1
C1(vs)	26. Sat in alsnotra ambótt fyrir,	A2k
B	es orð um fann við jǫtuns máli:	C2
A21	"Át vætr Freyja átta nóttum,	A1
A3(vs?)	svá vas (hón) óðfús í jǫtunheima."	C2
A1	27. Laut und línu, lysti at kyssa,	A1
B(2s?)	enn (hann) útan stǫkk endlangan sal:	E1
A3(vs)	"Hví eru ǫndótt augu Freyju?	A1
A3(3s?)	þykki mer[1] ór augum eldr um[2] brenna!"	A1
C1(vs)	28. Sat in alsnotra ambótt fyrir,	A2k
B	es orð um fann við jǫtuns máli:[3]	C2
C1	"Svaf vetr Freyja átta nóttum,	A1
A3(vs?)	svá vas (hón) óðfús í jǫtunheima."	C2
A21(vs)	29. Inn kom in aldna[4] jǫtna systir,	A1
C3	hins brúðfear[5] biðja þorði:	A1
A3(vs)	"Lát[tu] þer af hǫndum bringa rauða,	A1
B(2s?)	ef [þú] oðlask vill ástir mínar,	A1
A1	ástir mínar, alla hylli."	A1
E1	30. Þá kvað þat Þrymr, þursa dróttinn:	A1
A2k	"Berið inn hamar brúði at vígja,	A1
A3	leggið Mjǫllni í meyjar kné,	B
E2(v2)	vígið okkr saman Várar hendi!"	A1
D2	31. Hló Hlórriða hugr í brjósti,	A1
C3	es harðhugaðr hamar um þekði:	A1(v1)

1) þykkir [mér] oder þykkjumk zu lesen?   2) oldr um fehlt R.   3) Z. 1—4 und 6—8 abgekürzt R.   4) arma R.   5) hin or brýþiár R.

A21(vn?)	Þrym drap [hann] fyrstan,	þursa dróttin,	A1
C3	ok ætt jǫtuns alla lamði.		A1
A3(vs)	32. Drap [hann] ina ǫldnu	jǫtna systur,	A1
C3(vs)	hinas brúðfear¹	of beðit hafði:	C2
B	hón skell um hlaut	fyr skillinga,	C1
C3	enn hǫgg hamars	fyr bringa fjǫlð.	B
B(vs)	[Sva kom Óðins sonr	endr at hamri.]	A1

1) hin er brvþfiár R.

IV. Hymiskviða.

Der skaldische Charakter dieses Liedes zeigt sich auch in der Durchführung des Typus A2k in der zweiten Halbzeile, sobald ein Nebenaccent in die erste Senkung von A tritt: 2, 2. 5, 6. 8, 4. 8. 9, 8. 10, 8. 15, 8. 16, 8. 18, 4. 8. 21, 2. 23, 6. 24, 4. 27, 8. 29, 4. 31, 6. 33, 4. 8. 37, 4. 38, 8, dazu noch 21, 4. 23, 2, wenn die Correcturen der Ueberlieferung richtig sind. In V. 1, 8 kann nach dieser Erkenntnis die Wahl zwischen den Lesarten von R und A nicht zweifelhaft sein; Bugge's Vorschlag trifft wol das richtige. Im ersten Halbvers stehen acht sichere A21 (3, 1. 8, 1. 9, 1. 12, 5. 17, 1. 24, 1. 29, 3. 32, 1) vierzehn A2k gegenüber.

Die Unterarten von C sind wie folgt vertreten:

	C1.	C2.	C3.
Erster Halbvers:	4	1	24
Zweiter Halbvers:	1—2	17	3

Dabei ist zu C2 der Vers ór kneom hrundit 32, 4 eingerechnet, wo die Aenderung des handschriftlichen knjám sich von selbst ergiebt. Für C1 liegen im zweiten Halbvers nur vor um afrendi 28, 1 und við Þór senti 28, 4. Für letztere Stelle darf man vielleicht an eine Aenderung in Þonar denken, vgl. die Anmerkungen zu 23, 2 und Þrymskv. 17, 3. Der einzige Beleg für C2 im ersten Halbvers ist der bereits öfter beanstandete Vers enn vear hverjan 39, 5, der denn doch wol zu ändern sein wird.

— 39 —

C1	1. Ár valtívar	veiðar nǫmu	A1
C3	ok sumbl samir,	áðr saðir yrði:	C2
A1	hristu teina	ok á hlaut sou,[1]	C3(vs)
A3	fundu [þeir] at Ægis	erkost vera.[2]	A2k
C3	2. Sat bergbui	barnteitr fyrir	A2k
A2k	mjǫk glíkr megi	miskorblinda:	A1
A1	leit í augu	Yggs barn í þrá:	E1
A3	„Þú skalt ósum	opt sumbl gora."[3]	D2
A2 1	3. Onn fekk jǫtni	orðbæginn halr,	E1
A1	hugði at hefndum[4]	hann næst við goð;	E1
B(vs?)	bað (haun) Sifjar ver	sér færa hver	E1
B(2s?)	„þanns (ek) ǫllum yðr	ǫl of heita."[5]	A1
A3	4. Né þat máttu	mærir tívar	A1
C3	ok ginnregin	of geta hvergi,	C2
A3	unz af trygðum	Týr Hlórriða	D2
A2k	ástráð mikit	einum sagði:	A1
A3	5. „Býr fyr austan	Élivága	A1
A2k	hundvíss Hymir	at himins enda:	C2
C3	á minn faðir	móðugr ketil,	A2k
E1	rúmbrugðinn hver,	rastar djúpan."	A1
A3	6. 'Veiztu ef þiggjum	þann lǫgvelli?'	D1
C1	„Ef, vinr,[6] vélar	vit gorvum til."	E1
A3	7. Fóru drjúgum[7]	dag fráliga[8]	D2
E1	Ásgarði frá,	unz til Egils[9] kómu:	C2(2s)
A1(vs?)	hirði (hann) hafra	horngǫfgasta,	D1
A1	hurfu at hǫllu	es Hymir átti.	C2

Ueberliefert in R und A. 1) sa RA. 2) vera Bugge] hv'a R, hv'ia A. 3) gora R, gæfa A. 4) hefdö R, hæfnd A. 5) F. 7. s þann es avllö öl yðr of heita R, þanz ær ǫllv yðr ǫl of hæiti A; lies heita-k? 6) vinr R, vin' A. 7) drivgo R, drivga A. 8) dag fraliga A, dag þaun fram R. 9) ægis A; gegen diese Lesart entscheidet das Metrum, welches Kürze der Wurzelsilbe verlangt.

— 40 —

A 2 l	8. Mogr fann ommu [1]	mjok leiða sér:	E 1
A l	hafði höfða	hundrað níu;	A 2 k
B	enn onnur gekk	algullin fram	E 1
A 2 k	brúnhvít bera	bjórveig syni:	A 2 k
A 2 l	9. „Áttniðr jotna!	ek viljak ykkr	B
E 1	lngfulla tvú	und hvera setja:	C 2
C 3	es minn friðill [2]	morgu sinni	A l
A l	gloggr við gesti,	gorr ills hugar."	A 2 k
C 3	10. Enn váskapaðr	varð síðbúinn [3]	D 2
A 2 k	harðráðr Hymir	heim af veiðum:	A l
E 1	gekk inn í sal,	glumðu joklar,	A l
B	vas karls es kom	kinnskógr frorinn.	A 2 k
C 3 (2s?)	11. „Ves (þú) heill, Hymir,	í hugum góðum!	C 2
C 3	nú's [4] sonr kominn	til sala þinna,	C 2
A 3	sás [5] vit vættum	af vegi longum.	C 2
A 3	fylgir honum	Hróðrs andskoti,	D 2
D 2	vinr verliða:	Veorr heitir sá.	E 1 (v1)
A 1 (v1)	12. Seþu [6] hvar sitja	und salar gafli!	C 2
E 1	svá forða sér, [7]	stendr súl fyrir."	C 3
A 2 l	Snudr stokk súla	fyr sjón jotuns,	C 3
B	enn afr [8] í tvau	áss brotnaði.	D 2
A 3	13. Stukku átta,	enn einn af þeim	B
D 2	hverr harðsleginn	heill, af þolli:	A l
E 1	fram gengu þeir, [9]	enn forn jotunn	C 3
A l	sjónum leiddi	sinn andskota.	D 2

---

1) ávmo A.   2) fri R, faðr A; die Lesart von R kann beibehalten werden, wenn man fri mit Bugge als Contraction von „frii auffasst und die uncontrahierte Form herstellt. Nach 31, 2 ist aber fri eher aus friðill verderbt, Bugge s. 399.   3) síþ bvinn R, fehlt A.   4) nv er RA.   5) sa er RA.   6) Sé þv R; die Kürze des o in Seðu folgt aus NF II, 20 AM, wo unter den Beispielen für verschiedene Quantität angeführt wird seðu hvé vel þeir séðu er fyrir saumforinni réðu. Vgl. auch den Sechssilbler seðu hverr slikt fé reiðir Steinn Heimskr. 635 (Morkinsk. 129). Hiernach ist wol auch für snuðu brant heðan Hyndl. 46, 1 Kürze anzunehmen.   7) forþa ser R, forðaz A.   8) afr Grundtrig] aþr R, aðr A.   9) þeir fehlt A.

— 41 —

A3	14. Sagðit hǫnum	hugr vel þás sá [1]		E1
A1		gýgjar græti	á gólf kominn;	C3
A1(vs)		þar voru þjórar	þrír of teknir,	A1
C3		bað senn [2] jǫtunn	sjóða ganga.	A1
E1	15. Hveru létu þeir	hǫfði skemra,		A1
A3		ok á seyði	síðan bǫrn;	A1
B		át Sifjar verr,	áðr sofa gengi,	C2
A1		einn með ǫllu	yxn tvá Hymis.	A2k
A3	16. Þótti hǫrum	Hrungnis spjalla		A1
D2		verðr Hlórriða	vel fullmikill:	D2
A3(v1)		„Munum at apni	ǫðrum verða	A1
B		við veiðimat	vér þrír lifa."	A2k
A21(v1)	17. Veorr kvazk vilja	á vág roa,		C3
C3		ef ballr jǫtunn	beitur gæfi.	A1
A1(vs?)		„Hverf (þu) [3] til hjarðar,	ef (þú) hug trúir,	C3(2s?)
D2		brjótr bergdana,	beitur sækja!	A1
E1	18. Þess væntir mik [4]	at þér myni [5]		C3
A1		ǫgn af [6] uxa	auðfeng vesa."	A2k
D2		Sveinn sýsliga	sveif til skógar,	A1
B		þars [7] uxi stóð	alsvartr fyrir.	A2k
A3	19. Braut af þjóri	þurs ráðbani		D2
A2k		hǫtún ofan	horna tveggja.	A1
E1		„Verk þykkja þín	verri miklu, .	A1
A1		kjóla valdi,	enn (þú) kyrr sitir!"	C3(2s?)
C3	20. Bað hlunngota	hafra dróttinn		A1
A2k		áttrunn apa	útar fœra;	A1
C3		enn sá jǫtunn	sína taldi	A1
A1		litla fýsi	lengra at roa.	E2(v2)

1) þa er bann (fehlt A) sá RA. Hildebrands Umstellung Sagðit hugr vel | hánum þá er sá empfiehlt sich nicht, da hǫnum þás sá als A sehr hart wäre. 2) svn A. 3) hverf þv A, hverfo R. 4) so A, þess venti ec R, wegen des Hiatus weniger empfehlenswert. 5) myni R, mvnit A. 6) at A. 7) þar er RA.

C 3	21. Dró mærr¹ Hymir		móðugr hvali	A 2 k
A 1	einn á ǫngli	upp senn tvau;²		A 2 k
B	enn aptr í skut	Óðni sifjaðr		A 1
A 1 (v 1)	Veorr við vélar	vað gorði sér.		E 1
A 1	22. Egndi á ǫngul	bás³ ǫldum bergr		B
D 2	orms einbani	uxa hǫfði:		A 1
A 1	gein við agni⁴	sús⁵ goð fíá⁶		C 3
A 2 k	umgjǫrð neðan	allra landa.		A 1
D 2	23. Dró djarfliga	dáðrakkr Þonarr⁷		A 2 k
D 2	orm eitrfáan⁸	upp at borði;		A 1
A 1	hamri knúði	hǫfjall skarar		A 2 k
A 2 k	ofljótt ofan	úlfs hnitbróður.		D 1
A 2 1	24. Hreingólkn hlumðu,	enn hǫlkn þutu.		C 3
A 1	fór in forna	fold ǫll saman:		A 2 k (D 2?)
A 1	søktisk síðan	sá fiskr í mar.		E 1
A 2 k	25. Óteitr jǫtunn,	es (þeir) aptr roru,		C 3 (2s?)
C 3	svát¹⁰ ár Hymir	ekki mælti,		A 1
A 1 (vs?)	veifði (hann) rǿði	veðrs annars til.		E 1
A 3	26. „Mundu um vinna	verk hálft við mik,		E 1
C 3 (2s?)	at (þú) heim hvali	haf til bœjar		A 1
C 1 (vs)	eða flotbrúsa	festir okkarn?"		A 1
D 2	27. Gekk Hlórriði,	greip á stafni,		A 1
A 3	vatt með austri	upp lǫgfáki:		D 1
A 1	einn með órum	ok [með]¹¹ austskotu		C 3

---

1) mærirr A, mǫrr R. 2) vp senn tvá R, vpp sænn .e. tva A; nach Gering, Zs. f. d. Phil. XIV, 234 ff. könnte man geneigt sein, tvennu zu vermuten; doch spricht ausser dem was bereits K. Gíslason, Njála II, 625 ff. gegen Gering geltend gemacht hat, an allen Stellen auch das Metrum gegen tvenna, insofern Kürze der ersten Silbe verlangt wird. 3) sa er RA. 4) svugli R. 5) sv er RA. 6) fiá oder fia R, fia A. 7) þorr RA; die Correctur nach K. Gíslason, Njála II, 322. 8) eitrfán RA. 9) hrrtv A, hlvmþo R. 10) sva at RA. 11) meþ R, fehlt A.

— 43 —

A1(v1?)	bar (hann) til bæjar brimsvín jǫtuns,	A2k
C3	ok holtriða¹ hver í gǫgnum.	A1
C3	28. Ok² enn jǫtunn um³ afrendi	C1
E1	þrágirni vanr við Þór⁴ senti:	C1
A3(v1)	kvaðat mann rammau,⁵ þótt roa kynni	C2
A2k?	krǫpturligan, nema kálk bryti.	C3(vs)
C3	29. Enn Hlórriði, es at hǫndum kom,	B(vs)
A21	brátt lét bresta brattstein gleri;⁶	A2k
D1	sló [hann] sitjandi súlur í gǫgnum:	A1(vs)
A3(vs)	bǫru þó heilan fyr Hymi síðan.	C2
A3(vs)	30. Unz þat in⁷) fríða frilla kendi	A1
A2k	ástráð mikit eitt es vissi:	A1
C3(2s)	„Drep við haus⁸ Hymis! hann's⁹ harðari,	C3
A2k	kostmóðs¹⁰ jǫtuns, kálki hverjum."	A1
E1	31. Harðr reis¹¹ á kné hafra dróttinn,	A1
A1	fœrðisk allra í ásmegin;	C3
A1	heill vas karli hjálmstofn ofan,	A2k
C3	enn vínferill¹² valr rifnaði.	D2
A21	32. „Mǫrg veit-k¹³ mæti mér gengin frá,	E1
B(vs)	es¹⁴ ek kálki sé ór kueom¹⁵ hrundit;	C2
E1	karl orð um kvað, knákat ek¹⁶ segja	A1(vs)
D4	aptr ævagi: þú'st, ǫlðr, of heitt!¹⁷	B
A3	33. Þat's¹⁸ til kostar, ef koma mættið¹⁹	C2
A1	út ór ǫru ǫlkjól hofi."	A2k
D2	Týr leitaði tysvar hrœra,	A1
A3	stóð at hvǫru hverr kyrr fyrir.	A2k (D2?)

1) holtriba R.   2) enn A.   3) af A.   4) lies Þonar?   5) raman A.   6) gleri A, itvav R.   7) iþ A.   8) hávs R, fehlt A.   9) hann er RA.   10) kostmoðr A.   11) reis fehlt A.   12) vinferils A.   13) veit ee RA.   14) ær A, fehlt R.   15) kniam RA.   16) lies knákak?   17) þv ert avlþr of hęt R, þv ær ǫldr of hæitt A.   18) þat er RA.   19) mættir A.

6*

?	34.	Faðir Móða¹ fekk á þremi,	?
B(vs)		ok í gegnum steig² gólf niðr í³ sal;	E1
A2b(vs.v2)		hóf ser⁴ á hofuð upp hver Sifjar verr,	D4
A3		enn á hælum hringar skullu.	A1
A3	35.	Fórut⁵ lengi, áðr líta nam	B
D4		aptr Óðins sonr einu sinni:	A1
A3		sá [hann] ór hreysum með Hymi austan	C2
A2k		fólkdrótt fara fjolhofðaðn.⁶	D2
A1(vs)	36.	Hóf [hann] ser⁷ af herðum hver standanda,	D1
A3(vs?)		veiðdi (hann) Mjollni morðgjornum fram,	E1
C3		ok hraunhvala⁸ hann alla drap.	E1(D4?)
A3	37.	Fórut lengi, áðr liggja nam	B
D2		hafr Hlórriða halfdauðr fyrir:	A2k
C3		vas skirr skokuls skakkr á banni:	A1
C1(vs)		[enn] þvi inn lævísi Loki um⁹ olli.	A1(v1)
C3(2s)	38.	Enn ér¹⁰ heyrt hafið — hverr kann um¹¹ þat	E1
D1		goðmolugra gorr at skilja? —	A1
C3(vs)		hver af hraunbúa hann laun um¹² fekk,	E1
B(vs?)		es (hann) bæði galt¹³ lorn sín fyrir.	A2k
E2	39.	Dróttoflugr kom á þing goða,	C3
B		ok hafði hver þanns Hymir átti:	C2
C2		enn vear¹⁴ hverjan vel skulu drekka	A1(vs)
A1		olðr at Ægis eitt hormeitið.	D1

---

1) der Vers ist zu kurz; zu ergänzen ist etwa Enn zu Eingang der Zeile, wonach der Vers zu C2 gehörte.   2) stoð A.   3) a A.   4) lies hófsk?   5) Foro RA.   6) fiolp havfdaþa R.   7) lies hófsk?   8) hravnhvali A, hrávnvala R.   9) of A.   10) þer A.   11) of A.   12) of A.   13) gallt bæði A.   14) vear R, veak A.

MÁLAHÁTTR.

Die Málaháttrzeile wurde Beitr. VI, 274 ff. 294 ff. 344 ff. als ein Fünfsilbler erwiesen und derselben das Schema $\stackrel{\prime}{-}\times|\stackrel{\prime}{-}|\stackrel{\prime}{-}\times$ zugeteilt. In dem zweiten Anhang zu meinen Untersuchungen über die Rhythmik des germanischen Alliterationsverses wurde dann diese Aufstellung dahin berichtigt, dass statt des einen Schemas vielmehr wie beim Vier- und Sechssilbler deren fünf anzunehmen seien, welche sich von den Grundtypen des Viersilblers nur durch den Zusatz einer unbetonten Silbe unterscheiden. Dieser Zusatz findet statt bei den Typen A, B, C im Eingang, bei den Typen D und E am Schlusse des einsilbigen Fusses. Die Haupttypen des Málaháttr sind demnach:

A. $\times|\stackrel{\prime}{-}\times|\stackrel{\prime}{-}\times$ D. $\stackrel{\prime}{-}\times|\stackrel{\prime}{-}\times\times$

B. $\times|\times\stackrel{\prime}{-}|\times\stackrel{\prime}{-}$ E. $\stackrel{\prime}{-}\times\times|\stackrel{\prime}{-}\times$

C. $\times|\times\stackrel{\prime}{-}|\stackrel{\prime}{-}\times$

Als Probe des Málaháttr lasse ich unten die **Atlamól** folgen. Dabei sind noch folgende Bemerkungen voranzuschicken.

Ganz selten findet sich einfaches D durch Auftakt erweitert, also $\times|\stackrel{\prime}{-}|\stackrel{\prime}{-}\times\times$: *es þú rátt brœðr mína* 77, 8 (wenn nicht *es rátta* zu lesen ist). Häufiger finden sich einsilbige (resp. verschleifte) Auftakte vor den erweiterten D und E, vgl. Beitr. VI, 296. 348 f. Auch vor dem erweiterten C wird man bisweilen noch Auftakte annehmen müssen, in Versen wie *unz | þótti fulldrukkit* 8, 4, *es | skyldi vilt rista* 11, 8, *þvit | svá vas á visat* 12, 1 (oder *þvit stá'rs* zu lesen?), *sem | henni vert þótti* 31, 4, *þat | brá um allt annat* 49, 3 (*bra um* mit Correption zu verschleifen?), *siz | komt i hendr ossar* 53, 2. Dagegen dürfen wir Verse wie *þau munu brátt brenna* 15, 7, *at munim skammœir* 28, 6 und demnach auch solche wie *es vǫru sonnraðnir* 1, 8, *at vęri hamr Atla* 18, 6 oder auch solche wie *meðan ǫnd hixti* 40, 4 für normal halten, indem wir je zwei Silben der Eingangssenkung als verschleifbar ansehen. So findet sich auch in A ein paar Mal verschleifter Auftakt, wie *nema launa eigim* 13, 4.

Von den fünf Typen ist B am seltensten. Sicher scheint zu sein der Vers *þars þú blœju sátt* 15, 8, denn durch die früher auch von mir gebilligte Umstellung *sátt blæju* würde, wie schon in den Beiträgen bemerkt ist, der Hauptstab der Langzeile in unzulässiger Weise in den letzten Fuss treten.[1]

Häufiger als B ist A, aber fast nur vertreten durch seine Normalform ×│́×│́×; bei den Textproben ist daher im Allgemeinen nur A ohne Zahlzusatz angegeben. Verkürzung der zweiten Hebung nach einem Nebenton findet sich nur einmal, *i kné gengr hnefi* 70, 3.

Von den Unterarten von C ist C1 bei weitem am gewöhnlichsten. Hierin weicht der Málaháttr vom Viersilbler typisch ab. Für C2 und C3 begegnen nur wenige Beispiele.

Am stärksten sind die erweiterten D und E vertreten. Von D herscht widerum die erste Grundform ́×│́́× vor; seltener ist die zweite mit Verkürzung der Nebentonsilbe ́×│́̆×, wie *hugðiat mannviti* 3, 2, *kom på Kostbera* 6, 1 u. s. w. Dagegen scheint ́×│́×́ gemieden zu werden. Ueberliefert ist diese Form zweimal, *ok│barið│grjóti áðr* 84, 2[2]) und *allt vas llarlikt* 91, 1. In dem ersten dieser Verse tritt noch der Hiatus störend hinzu. Ich habe daher hier mit Grundtvig umgestellt, und möchte glauben, dass 91, 1 vielmehr zu B zu ziehen sei.

Beim Typus E endlich überwiegt für den ersten Fuss die Form ́×́, also E2, doch ist auch E1, also ×│́̆×│́× nicht selten. — Die Abgrenzung zwischen E2 ×│́×́│́× und D1 ×│́×│́́× ist übrigens nicht immer sicher, auch zwischen E1 ×│́̆×│́× und E2 ×│́×́│́× kann man oft schwanken, wenn auf die erste Hebung einsilbige Wörter geringeren Tongewichts folgen. Ich habe mich in solchen Fällen meist vorläufig für E2 entschieden, weil dieses die beliebteste Form des Verses zu sein scheint, und es mir, namentlich mit Rücksicht auf die Setzung der Alliteration, vorkommt, als werde die natürliche Satzbetonung im Málaháttr nicht mehr so fest eingehalten wie im Viersilbler.

Was endlich die Quantität der Hebungen resp. Nebenhebungen anlangt, so gelten für den letzten Fuss die Bestimmungen des Viersilblers, d. h. der Vers

---

[1]) Alliteration bloss im letzten Fuss von A scheint auch für die erste Halbzeile nicht erlaubt zu sein. Das einzige Beispiel in den Atlamál wäre 81, 3, aber dort kann auch Typus D1 angenommen werden, mit Alliteration auf *på* und *pu*, und *paztu* im zweiten Halbvers.

[2]) Mit Auftakt zu lesen; über *barið* für ́× im ersten Fuss s. gleich nachher.

geht (wenn wir von B absehen), normaler Weise auf $\perp\!\!\times$ aus, doch kann dafür in den Typen C und D auch $\cup\!\!\times$ (resp. für D $\cup\!\!\times$) eintreten. Bei A mit Nebenton ist die Verkürzung der zweiten Hebung nur einmal belegt, s. oben. In dem vordern Teil des Verses können jedoch, wie schon Beitr. VI, 348 gezeigt wurde, auch kurze Silben ohne weiteres in die Hebung treten, ohne dass dadurch Verschleifung ausgeschlossen wäre, vgl. Verse wie *kona | kapps gálig* 6, 3, *hryti | hór logi* 15, 3 für D, *bryti upp | stokka* 16, 2, *lokit þvi | létu* 19, 7 für E mit solchen wie *boðit í | sinn þetta* 11, 4, *borinn ór | serk þínum* 23, 2, *byði þér | brúlliga* 27, 5 oder *sýng fóru | siðan* 10, 1, *bani ykkarr | beggja* 12, 3 u. dgl. Für die Textkritik erwächst aus diesem schwankenden Gebrauch der Uebelstand, dass über etwaige Interpolationen schwerer zu entscheiden ist. Verse wie *bryti vas hann | Atla* 58, 2, *hogum vér | hálft yrkjum* 58, 5, *feginn lézk þó | Hjalli* 60, 9, *þrifu þeir | þjóðgóðan* 62, 1, *feginn estu | Atli* 66, 1 etc. sind metrisch durchaus ohne Anstoss, wenn man Auflösung auf der ersten Hebung annimmt, aber ebenso unanstössig sind sie, wenn man die aus sprachlichen Gründen verdächtigen Pronomina *hann, vér, þeir, þú* resp. die Partikel *þó* streicht. Im Texte habe ich alle diese Wörtchen belassen, und sie nur durch runde Klammern als verdächtig bezeichnet.

Atlamól in Grœnlenzku.

C 1	1. Frétt hefr[1] old öfu,	þús[2] endr um gorðu	A
D 1	seggir samkundu:	sú vas nýt fæstum;	E 2
D 1	œxtu einmæli,	uggr[3] vas þeim siðan,	E 2
a D	ok it sama sonum Gjúka,	es voru sannráðnir.	C 1 (vs)
?	2. Skop œxtu skjoldunga,	— skylduat feigir —	E 2
E 2	illa rézk Atla,	átti [hann] þó hyggju;	E 2
C 1	feldi stoð stóra,	striddi sér harðla,	E 2
aD 1	af bragði boð sendi,	at kvæmi brátt mágar.	aC 1
D 1	3. Horsk vas húsfreyja,	hugði at mannviti,	D 2
E 1	lag heyrði [hón] orða,	hvat [þeir] á laun mæltu;	C 1
C 1	þá vas vant vitri,	vildi [hón] þeim hjálpa,	E 2
C 1	skyldu um sæ sigla,	enn sjálf né komskat.	A

1) hefir R. 2) þa er R. 3) yor *aus* yoe R.

E2	4. Rúnar nam (at) rísta: rengði þær Vingi	E2
D1	— fárs vas [hann] flýtandi — áðr hann fram seldi;	C1
E2	fóru þá síðan sendimenn Atla	E2
D2	fjarri ¹um fjorð Lima, þars ² frøknir bjoggu.	A
E1	5. Olværir urðu ok elda kyndu,	A
C1	hugðu vætr véla es [þeir] vóru komnir;	A
E2	tóku þeir fórnir es þeim fríðr sendi,	C1
E2	hengðu á súlu, hugðut þat varða.	E1
D2	6. Kom þá Kostbera — kvæn vas hón Hogna —	E2
D1	kona kapps gálig, (ok) kvaddi þá báða;	(a) E2
E2	glǫð vas ok Glaumvǫr, es Gunnarr átti:	A
C1	fellskat saðr sviðri, sýsti um þǫrf gesta.	D1
C1	7. Buðu (þeir) heim Hogna, ef [hann] þá heldr fœri:	C1
D1	sýn vas svipvísi, ef þeir sín gæði;	C1
E2	hét þá ferð³ Gunnarr ef Hogni vildi:	A
E2	Hogni því níttit⁴ es hinn um réði.	A
C1	8. Bǫrn mjǫð mærur, margs vas alls beini,	E2
D1	fór þar fjǫlð horna, (unz) þótti fulldrukkit⁵	(a) C1
	. . . .	
E1	hjá gorðu hvílu sem þeim hœgst þótti.	C1
D2	9. Kend vas Kostbera, kunni [hón] skil rúna:	D1
D2	innti orðstafi at eldi ljósum:	A
E2	gæta varð [hón] tungu í góma báða:	A
E2	vǫru svá viltar, at vant⁶ vas at ráða.	A (vs)
E1 (v1)	10. Seyng fóru síðan sína þau Hogni;	E2
D1	dreymði dróttláta, duldi þess vætki,	E2
C1	sagði horsk hilmi, þegars hón réð vakna:	A (vs)
E2 (vn)	„heiman gørisk [þú], Hogni, hyggðu at ráðum!	E2
D1	— fár es fullrýninn — far [þú] í sinn annat!	D1

1) fjarri *fehlt* R. 2) þar er R. 3) ferð *fehlt* R, *ergänzt nach* Vols. heitr nú (Gunnarr) ferðinni *etc*. 4) nittit *Hildebrand*) nittit R. 5) *der Vers ist überladen; ist etwa* unz *zu streichen? oder* unz vas fulldrukkit? 6) at var vant R.

E2	11. Réð ek þær rúnar,	es reist þín systir:		A
E2		hjǫrt hefr [1] þér eigi	boðit í sinn þetta;	D1(v1)
E2		eitt ek mest undrumk:	máka-k [2] enn hyggja,	C1
C1		hvat þá varð vitri,	es skyldi villt rísta.	aC1
(a)C1	12. (Þvít) [3] svá vas á vísat,	sem undir væri		A
E1(v1)		bani ykkarr beggja,	ef [it] brálla kvæmið:	A
E2		vant es stafs víti,	eða valda aðrir.'	A(vs)

Hǫgni:

D1(vs)	13. „Allar 'ó [4] illúðgar,	ǽkka-k [5] þess kynni:		E2
C1		vilka-k [6] læs [7] leita	nema launa eigim;	A(vs)
C1		okkr munu gramr gulli	reifa glóðrauðu:	C1
D2(v1)		oumk (ek) aldrigi,	þót vér ǫgn fregnim."	C1

Kostbera:

E1(vs)	14. 'Stǫpalt munuð ganga,	ef it stundið þaugat;		A
D1		ykkr mun ástkynni	eigi sinn þetta;	D1
E2		dreymði mik, Hǫgni	— dyljumk þat eigi —:	E2
C1?		ganga mun [ykkr] [8] andæris,	eða ella hræðumk.	A
?	15. Blæju hugða-k [9] þína	brenna í eldi,		E2
D2		hryti hǫr logi	hús mín í gǫgnum.'	E1

Hogni:

D1		„Liggja [hér] línklæði,	þau es litt rækið:	C1
C1(vs?)		þau [10] munu brátt brenna,	þars [11] þú blæju sátt."	B

Kostbera:

?	16. 'Bjǫrn hugða-k [hér] inn kominn,	bryti upp stokka,	D1
E2		hristi svá bramma,	at vit hrædd yrðim;	C1
D1		munu oss mǫrg heiði,	svá [12] [vér] mættim ekki:	A
E2		þar vas ok þrǫmmun	þeygi svá lítil.'	E2

1) hefir R. 2) mácaþ ec R. 3) þriat R; zu tilgen? 4) allar ro R. 5) ácka ec R. 6) vilca ec R. 7) læs Bugge] þess R. 8) lies ganga m'u oder gengr ykkr andæris? 9) hvgða ec R; die zweisilbige Form überfüllt hier wie 16, 1. 18. 1. 21, 1. 23, 1. 25 den Vers, ist aber für unsere Stelle als ziemlich alt durch die Vǫls. gesichert; 18, 5. 23, 5 und 27, 1 verlangt das Metrum die Form. Hatte das Original an den erstgenannten Stellen sá-k? 10) zu tilgen? 11) þar er R. 12) sva at R.

7

Högni:

E2	17. „Veðr mun þar vaxa,	verða ótt snemma:	D1
E2		hvítabjörn hugðir, þar mun hregg austan."	C

Kostbera:

	18. 'Örn hugða-k [hér] inn fljúga	at endlöngu húsi:	aE1
C1	þat m'n[1] oss drjúgt deilask:	dreifði [hann] oss öll blóði;	E2
E2	hugða-k[2] af heitum,	at væri hamr Atla.'	C1(vs)

Högni:

D2	19. „Slötrum sýsliga,	seum[3] þá röðru:	E2
E2	opt's[4] þat fyr oxnum,	es örnu dreymir;	A
D1	heill es hugr Atla,	hvatki-s[5] þik dreymir."	E2
E2	Lokit því létu,	líðr nú[6] hver röða.	E2
D2(vs)	20. Vöknuðu velborin,	vas þar sams dœmi,	D1
E2	gættisk þess Glaumvör,	at væri grand svefna;	C1(vs)

. . . .
. . . við Gunnarr   at fá tvær leiðir.

Glaumvör:

?	21. 'Görvan hugða-k[7] [þér] gálga,	gengir [þú] at hanga,	E2
E2	æti þik ormar,	yrða-k[8] þik kvikvan,	E2
C1	görðisk rok ragna:	ráð [þú] hvat þat væri.'	E2

Gunnarr:
22.   * * *

?	23. 'Blóðgan hugða-k[9] mæki	borinn úr serk þínum,	D1(vl)
C	— illt es svefn slíkan	at segja nauðmanni —,	aD1
E1	geir hugða-k[10] standa	í gögnum þik miðjan:	aE2
E2	emjuðu úlfar	á endnm böðum.'	A

Gunnarr:

E2	24. „Rakkar þar renna,	ráðask mjök geyja:	E2
C	opt verðr glaumr hunda	fyr geira flaugum."	A

---

1) mvn R. 2) hvgðn ec R. 3) siám R. 4) opt er R. 5) hvatki er R. 6) nú
fehlt R. 7) hvgda ec R. 8) yrþu ec R. 9) hvgþa er R. 10) hvgðn ec R.

Glaumvǫr:

?	25. 'Á hugða-k[1] [hér] inn renna	at endlǫngu húsi,	aE1
E2	þyti af þjósti,	þeystisk of[2] bekki,	E2
D1	bryti fœtr ykkra	brœðra hér tveggja,	E2
C1	gorðit vatn vægja:	vesa m'n[3] þat fyr nǫkkvi.'	E1(v1)

Gunnarr:

26. * * *

E1(v1)	27. 'Konur hugða-k dauðar	koma í nótt hingat,	E2(v1)
D1	værit vart búnar,	vildi þik kjósa,	E2
E2	byði þér bráll(ig)a	til bekkja sinna;	A
D2	ek kveð aftíma	orðnar þér dísir.'	E2

Gunnarr:

E2(vs)	28. „Seinat es at segja,	svá es nú ráðit:	E2
E2	forðumka fǫr þó,	alls þó's[4] fara ætlat;	C2
D1	mart es mjǫk glíkligt,	at munim skammœir."[5]	C3(vs)

E2	29. Litlu es[6] lýsti,	létusk þeir fúsir	E2
D1	allir upp rísa,	ǫnnur þau lǫttu;	E2
D2	fóru fimm saman,	fleiri til vǫru	D1
D1	hǫlfu húskarlar	— hugat vas því illa —.	E2(v1)

E1	30. Snævarr ok Sólarr,	synir vǫru [þeir] Hǫgna,	E1(v1)
E2	Orkning þann hétu,	es þeim enn fylgði:	C1
D1	blíðr vas bǫrr skjaldar	bróðir hans kvánar.	E2
D1	Fóru fagrbúnar,	unz þau fjǫrðr skilði;	C1
E1	lǫttu ávalt ljósar,	létut[7] heldr segjask.	E2

E1(vs)	31. Glaumvǫr kvað at orði,	es Gunnarr átti,	A
E2	mælti [hón] við Vinga	sem henni vert þótti:	aC1
D1(?)	„veitka[8] hvárt verðlaunið	at vilja ossum:	A
D1	glœpr es gests kváma,	ef í gorisk nakkvat."	C2

---

1) hvgða ee R.   2) vf R.   3) mvn R.   4) þo er R.   5) oder skammævir?
6) litlu Grundtvig] Lito R.   7) lotoat E.   8) vetkaþ ee, aber kaþ beinahe ausradiert R; sind -ka und hvárt zu verschleifen, oder ist der Vers verdorben?

— 52 —

?	32. Sór... þá Vingi,¹	sér réð [hann] litt eira:		D1
E2	„eigi hann jotnar,	ef [hann] at yðr lygi,		C3
D1	galgi gorvallan,	of [hann] á grið hygði."		C1
E1(v1)	33. Bera kvað at orði	blíð í hug sínum:		D1
E2	„sigliðér sælir	ok sigr árnið!²		C?
D1(v1.2)	fari sem [ek] fyrir mælik!	fæst eigi því³ uíta!"		E1(?)
?	34. Hogni svaraði,	hugði gott nonum:		D1
E2	„huggizk it, horskar!	hvégis⁴ þat gorvisk;		E2
E2	mæla þat margir,	missir þó stórum:		E2
E2	morgum ræðr litlu,	hvé verðr leiddr heiman."		C1
E2	35. Sousk⁵ til síðan	áðr í sundr hyrfi,		C1
C1	þá hygg [ek] skop skiptu:	skilðask vegir þeira.		D1(v2)
E1(v1)	36. Roa nomu ríki,	rifu kjol hálfan,		D1
D1	beystu bakfollum,	bragðsk heldr reiðir:		E2
D2	homlur slitnuðu,	háir brotnuðu,		D2
C1	gorðut far festa	áðr þeir frá hyrfi.		C1
E2	37. Litlu ok lengra	— lok mun-k⁶ þess segja —		E2
E1	bæ só þeir⁷ standa,	es Buðli átti:		A
?	hótt hrikðu grindr,⁸	es Hogni knfði;		A
E1	orð kvað þá Vingi,	þats án væri:⁹		C?
D1	38. „Farið firr húsi!	— flátt es til sækja,		E2
E2	brátt hef-k¹⁰ ykkr breuda,	bragðs skuluð hogguir,		E1
E2	fagrt bað-k¹¹ ykkr komu,	flátt vas þó undir —		E2
C2	ella heðan bíðið,	meðan [ek] hogg yðr gálga."		A(vs)
C1	39. Orð kvað hitt Hogni,	hugði litt vægja,		E2
D2	varr at vættugi,	es varð¹² at reyna:		A
E2	„hirðat [þú] oss hræða!	hafðu] þat fram sjaldan!		E2
C1	ef þú eykr orði,	illt munt¹³ þér lengja."		E2

1) *es fehlt eine Silbe.* 2) *zwei Viersilbler? oder ist in 33,4 eine Silbe zu ergänzen?*
3) *zu tilgen?* 4) *hvegl er R.* 5) *Sáse R.* 6) *mvn ee R.* 7) *lies sou ohne þeir?*
8) *der Vers ist um eine Silbe zu kurz; lies hótt þá grindr hrikðu?* 9) *der Vers ist zu kurz;*
lies þat es? 10) *hefi ee R.* 11) *baþ ee R.* 12) *hirþa R.* 13) *uvndo R.*

E 2	40. Hruudu þeir Vinga	ok í hel drópu,	C 1
E 2		øxar at lögðu, meðan í ond hixti.	C 1 (vs)
E 2	41. Flykðusk þeir Atli	ok föru í brynjur,	A
E 2	gengu svá gørvir,	at var garðr milli;	C 1
E 2	urpusk á orðum	allir senn reiðir:	E 2
D 1 (vs)	„fyrr vorum fullráða	at firra yðr lífi."	A

Hǫgni:

E 1	42. 'Á sér þat illa,	ef höfðuð áðr ráðit:	a C 1
D 1 (vs)	enn eruð óbúnir,	ok hofum einn feldan,	C 1 (vs)
E 2	lamðan til heljar:	liðs vas sá yðvars."¹	E 2
E 2	43. Óðir þá urðu,	es þat orð heyrðu,	C 1
E 2	forðuðn fingrum	ok fengu snœri,	A
D 2	skutu skarpliga	ok skjoldum hlífðusk.	A
D 1	44. Inn kom [þá] andspilli	hvat úti drýgðu,	A
?	hótt fyr hollu ²	heyrðn þræl segja;	D 1
E 2 (v 1)	otul vas þá Guðrún,	es [hón] ekka heyrði,	A
D 1	hlaðin hálsmenjum:	hreytti [hón þeim] gorvollum,	D 1
E 1	slongði svá silfri,	at í sundr hrutu baugar.	a E 1 (va)
E 1	45. Út gekk hón síðan	— ypðit litt hurðum,	E 2
D 1	fóra fælt þeygi —,	(ok) fagnaði komunm;	(a) E 2
D 1	hvarf til Hniflunga	— sú vas hinzt kveðja —	C 1
C 1	fylgði saðr slíku,	sagði [hón] mun fleira:	D 1
E 2 (vs)	46. „Leitaða-k ³ í líkna,	at letja ykkr heiman:	a E 2
E 2	skopum viðr manngi,	(ok) skuluð þó hér komnir."	(a) E 1 (v 2)
D 2	Mælti af mannviti,	ef mundu sættask,	A
E 2	ekki at réðusk,	allir ní kóðu.	D 1
D 2	47. Sá þá sælborin,	at þeir sárt léku:	C 1
D 1	hugði á harðræði,	ok hrauzk ór skikkju;	A

1) yðars R.   2) der Vers ist um eine Silbe zu kurz; der Fehler wird nie 37, 5 in hótt liegen.   3) Leita|a ec R.

— 54 —

| E2 | nøkðan tók [hón] mæki, (ok) niðja fjǫr varði: | (n)E2 |
| E1 | høg vasat hjaldri, hvars hón hendr festi. | C1 |

E2	48. Dóttir lét Gjúka drengi tvá hníga:	E2
E2	bróður hjó [hón] Atla, bera varð þann síðan;	E2(v1)
E2	skapði [hón] svá skœrn, skelði fót undan;	D1
E2	annan réð [hón] hǫggva, svát¹ sá upp reisat,	C1
aE2	í helju [hón] þann hafði: þeygi [henni] hendr skulfu.	C1

E2	49. Þjǫrku þar gǫrðu, þeiri v's² við brugðit,	D1
aC1	þat bra um³ allt annat, es nunn bǫrn Gjúka;	aD1
?	svá kóðu Huiflunga,⁴ meðan sjálfir lifðu,	A(vs)
C1	skapa sókn sverðum, slítask af brynjur,	E2
E2	hǫggva svá hjálma, sem þeim hugr dygði.	C1

D1	50. Morgin mest vǫgn unz miðjan dag líddi,	aE2
?	... óttu alla⁵ ok ǫndurðan dag;	B
D2	fyrr vas fullvegit, flóði vǫllr blóði;	D1(E2?)
D1	átján áðr fellu — ofri þeir urðn —,	E2
E2	Beru tveir sveinar ok bróðir hennar.	A

E1	51. Rǫskr tók at rœða, þótt hann reiðr væri:	C1
E2	illt es um lítask, yðr es þat kenna;	E2
C3	vǫrum þrír tigir, þegar vígligir:	D2
?	eptir lifum ellifu,⁶ ór es þar brunnit.	E2

D1	52. Brœðr vér fimm vǫrum, es Buðla mistum:	A
C1	hefr⁷ nú Hel hálfa, (enn) hǫggnir tveir liggja.	(a)E2
E1	mægð gat ek mikla, máka-k því leyna,	E2
D2	kona váliga! knáka-k⁸ þess njóta.	E2

| E1 | 53. Hljótt ǫttum sjaldan, síz komt í hendr ossar; | aC1 |

---

1) svn at R. 2) þrí var R. 3) bra um mit Correption zu lesen; oder ist þat zu streichen? 4) der Vers ist um eine Silbe zu lang; darf man an kveða statt kóðu denken? 5) es fehlt eine Silbe im Verseingang; V. 3. 4. hält Grundtvig für unecht. 6) der Vers ist überfüllt (oder $\stackrel{\prime}{-}\times\stackrel{\smile}{\smile}\times\mid\stackrel{\prime}{-}\stackrel{\smile}{\smile}\times$ als Auflösung für $\stackrel{\prime}{-}\times\stackrel{\prime}{-}\mid\stackrel{\prime}{-}\times$?). 7) brøþr varom fimm R, die Umstellung nach Grundtvig und Bugge. 8) hefir R.

E2	firðan mik frændum,	fel¹ opt svikvinn,²	E2
D1	senduð systr³ helju:	slíks ek mest kennmk."	E2

Guðrún:

E2	54. 'Getr þú þess, Atli!	gørðir svá fyrri:	E2
E2	móður tókt mína,	(ok) myrðir til hnossa;	(a) E2
D1	svinna systrungu	sveltir [þú] í helli:	E2
E2	hlœglikt [mér] þat þykkir,⁴	es [þú] þinn harm tínir:	C1
E2 (v 1?)	goðum (ek) þat þakka,	es þér gengsk illa.'	C1

Atli:

E2	55. „Eggja-k⁵ yðr, jarlar!	auka harm stóran	D1
D2	vífs ins vegliga:	vilja-k⁶ þat lítu;	E2
E2	kostið svá keppa,	at klokkvi Guðrún:	A
E2 (v 1?)	sea⁷ (ek) þat mætta,	at [hón] sér né ynðit.	A

E2	56. Takið ér Hǫgna,	(ok) hyldið með knífi,	(a) E2
E2	skerið ór hjarta,	skuluð þess gørvir;	E2
D1	Gunnar grimmúðgan	á gálga festið,	A
E2	bellið því bragði,	bjóðið til ormum."	E2

Hǫgni kvað:

D1	57. 'Gor sem til lystir,	glaðr mun-k þess bíða:	E2
E2	rǫskr mun-k þér reynask,	reynt hef-k⁸ fyrr brattara;⁹	E2 (?)
A (?)	... hǫfðut hnekking,	meðan heilir vǫrum:	A (vs)
C1	nú' rom¹⁰ svá sárir,	at [þú] mátt sjálfr valda.'	C1
E2	58. Beiti þat mælti,	bryti vas (hann) Atla:	E2 (v 1?)
E2	„tǫku vér Hjalla,	énn Hǫgna forðum!	A
D1 (v 1?)	bǫgum (vér) hálft yrkjum!	hann es skapdauði,	C1
E2	lifir svá lengi,	loskr mun [hann] æ heitinn."	E2

---

1) fæ R. 2) svikinn R. 3) so R; systur würde den Vers überladen. 4) doch wol þykkjumk zu lesen. 5) eggja ec R. 6) uilia ec R. 7) sia R. 8) hefi ec R. 9) man erwartet für brattara eine zweisilbige Form, und der folgende Vers ist um eine Silbe zu kurz; lies reynt hef-k fyrr brattar, á hǫfðut hnekking? Wenn auch die Adverbialformen auf -ar statt -ara in der Literatur jung sind (Jón Þorkelsson, Athugasemdir 26 ff.), so kann diesen -ara doch wol ein älteres -ar vorausgegangen sein, das den gewöhnlichen Bildungstypus der germanischen Comparativadverbia vertritt. 10) nv crom R.

D1	59. Hræddr vas hvergætir,	heltu in lengr rúmi:	E2
D1	kunni klokkr verða,	kleif í rǫ hverja;	D1
D1(v1)	vesall lézk vígs þeira,	es skyldi vás gjalda.	aC
C1	ok sinn dag dapran	at deyja frá svinum,	aE2
D1	allri orkostu,	es hann áðr hafði.	C1
C1	60. Tóku [þeir] bras Buðla.	(ok) brugðu til knífs:	(a)E2
D1	œpði illþræli,[1]	áðr odds ... kendi;[2]	?
E1	tóm lézk at eiga	teðja vel garða,	E2
D1	vinna it verganda,	ef hann við rétti;	C1
E2(v1?)	feginn lézk (þó) Hjalli,	at hann fjǫr þægi.	C1
E2	61. Gættisk þess Hǫgni	— gorva svá færi —	E2
aD1	at úrna ánauðgum,	at undan gengi:	A
E2(v1)	„fyrir kveð-k[3] mér minna	at fremja leik þenna;	aD1
D1(vs)	hví mynim hér vilja	heyra á þá skræktun?"	E2
D1(v1?)	62. Drífu (þeir) þjóðgóðan:	þá vas kostr engi	D1
D1	rekkum rakklǫtum	ráð enn lengr dvelja:	D1
?	hló þá ... Hǫgni,[4]	heyrðu dagmegir,	D2
E2	keppa [hann] svá kunni,	kvǫl hann vel þolði.	E2
E2	63. Hǫrpu tók Gunnarr,	hrœrði ilkvistum:	D1
D1	slá hann svá kunni,	at snótir grétu;	A
E2	klukku þeir karlar,	es kunnu gǫrst heyra;	aD1
D1	ríkri ráð sagði;	raptar sundr brustu.	D1
?	64. Dó þá ... dýrir:[5]	dags vas heldr suemma:	E2
E2	létu [þeir] á lesti	lifa íþrótta.	D2
E1	65. Stórr þóttisk Atli,	sté [hann] um þá báða,	E2
D1	horskri harm sagði,	(ok) réð heldr at bregða:	(a)A
E2	„morginn's[6] nú, Guðrún:	mist hefr[7] [þú] þér hollra,	E2
D2	sums est[u] sjálfskapa,	at hafi svá gengit."	C(vs)

1) illþrę mit Raum für zwei Buchstaben dahinter R.   2) es fehlt eine Silbe; ergänze of?   3) qreþ oc R.   4) es fehlt eine Silbe.   5) es fehlt eine Silbe; lies dou? oder ist das Ganze als Viersilblerstrophe zu nehmen? Dann muss in 2 v's gelesen und in 3 das n von létu elidiert werden.   6) morginn er R.   7) hefir R.

— 57 —

Guðrún:

E2	66. 'Fegiun est(u), Atli,	ferr þú víg lýsa:		D1
E1(vn)		á munn þér iðrar,	ef þú allt reynir;	C1
C1		sú mun erfð eptir,	ek kann þér segja:	E2
E1		ills gengsk þér aldri,	nema ek ok deyja.'	C1

Atli:

C1	67. „Kann ek slíks synja,	sé-k¹ til ráð annat		D1
D1		hálfu hógligra	— hǫfuum opt góðu —:	E2
E2(v1)		mani mun-k² þik hugga,	mætum ágætum,	D1
D1		silfri snæhvítu,	sem þú sjólf vilir."	C3

Guðrún:

E2	68. 'Ón es þess engi,	á [ek] vil³ því níta:		E2
E2		sleit ek þá sáttir,	es vorn sakar minni:	C2(vs)
D1		afkár [ek] áðr þótta,	á mun nú gœða,	E2
D1		hræfða [ek] um hotvetna,	meðan Hǫgni lifði.	A

D1(v1?)	69. Alin (vit) upp vórum	í einu húsi,		A
D1		lékum leik margan	ok í lundi óxum,	C1(Avs?)
E2		gœddi okkr Grimhildr	gulli ok hálsmenjum:	D1
E2(v1?)		bana munt⁴ (mér) brœðra	bœta aldrigi,	D2
aE2		né vinna þess ekki,	at mér vel þykki.	C1

E2	70. Kostum drepr kvenna	karla ofríki,		D1
A2k		í kné gengr hueti,	ef kvistir þverra,	A
E1		tré tekr at hníga,	ef hǫggr tág undan:	C1
C1		nú mátt[u] einn, Atli,	ǫllu hér ráða.'	E2

D1	71. Gnótt vas grunnyðgi,	es gramr því trúði.		A
D1		sýn vas sveipvísi.	ef hann sín gæði.	C1
E2		kropp vas þá Guðrún,	kunni um hug mæla,	D1
E2		létt hón sér gorði,	lék hón tveim skjǫldum.	E2(D1?)

D1	72. Œxti [hón] ǫldrykkjur	at erfa brœðr sína,		aD1
E1		samr lézk ok Atli	at sína gorva.	A

1) se ee R.   2) mvs ee R.   3) engis ee vil R.   4) mvndo R.

— 58 —

E2	73. Lokit því létu, lagat vas drykkju,	E2
D1	sú vas samkunda við svorfnu ofmikla;	aD1
D2	strong vas storhuguð, striddi [hón] ætt Buðla,	D1
D1	vildi [hón] ver sínum vinna [1] ofrhefuðir.	D1
E2	74. Lokkaði [hón] litla ok lagði [2] við stokki,	aE2
E2	glúpnuðu grimmir ok grétu þeygi,	A
D1	fórut faðm móður, fréttu, hvat [þá] skyldi.	E2

Guðrún:

D1	75. 'Spyrit litt eptir! spilla ætla-k [3] hjóðum,	E1
E1(v1?)	lyst vornmk þess lengi at lyfja ykkr elli.'	aE2

sveinarnir:

E2	„Blótt sem vilt bornum, bannar þat manngi,	E2
C1	skomm mun ró reiði, ef [þú] reynir gorva."	A
D1	76. Brá þá barnesku bræðra in kappsvinna,	D1
D2	skiptit [4] skapliga, skar [hón] á háls báða.	E2
A	enn frétti Atli, hvert farnir væri	A
E2	sveinar hans leika, es [hann] sá þá hvergi.	A

Guðrún:

E1(v1)	77. 'Yfir ræðumk ganga Atla til segja,	E2
E2	dylja mun-k [þik] eigi dóttir Grímhildar;	D1
E2(v1)	glaða mun [þik] minnst, Atli ef [þú] gorva reynir:	A
D1	vakðir vǫ́ mikla, es [þú] vátt bræðr mína.	aD1
E2	78. Svaf ek mjok sjaldan, síðans þeir fellu;	E2
E2	hét ek þér horðu, hef-k [5] þik nú minnan;	E2
D1	morgin mér sagðir, man-k [6] enn þann gorva:	E2
C1?	nú es ok aptann: átt[u] slíkt at frétta.	E1

E2(v1?) 79. Maga hefr [7] [þú] þinna mist sem [þú] sízt skyldir: E2

---

1) vinna *fehlt* R.   2) lagði R *ist metrisch unanstössig; lëku nach Vǫls. Bugge, lék Hildebrand.*   3) etla ee R.   4) skiptit *Bugge*] seiptiz R.   5] heti ee R.   6) man ee R.
7) hefir R.

E2		hausa veizt [þú] þeira hafða at olskólum,	D1
E2		drýgða-k[1] [þér] svá drykkju, dreyra blett-k[2] þeira.	E2
E1	80.	Tók-k[3] þeira hjortu ok á teini steiktak,	A(vs)
E2		seldu-k[4] þér síðan, sagða[k] at kálfs væri;	D1
E2		einn þú því ollir; ekki rétt[u] leifa,	E2
D2		tyggtu tíðliga, trúðir vel joxlum.	E2
E2	81.	Barna veizt[u] þinna, biðr sér fár verra,	D1
E1		hlut veld ek mínum, hælumk þó ekki.'	E2

Atli:

E1	82.	„Grimm vastu, Guðrún, es [þú] gorva[5] svá máttir,	aE2
?		barna þinna blóði[6] at blanda mér drykkju;	aE2
D1		snýtt hefr[7] [þú] siljungum, sem þú sízt skyldir,	C1
E1		mér betr [þú] ok sjólfum millum illa lítit.[8]	D1

Guðrún:

E2(v1)	83.	'Vili mér enn væri at vega þik sjálfan:	A(v1)?
D1		fott es fullilla farit við gram slíkan;	D1(v1)
E2		drýgt þú fyrr hafðir [þat] es menn dœmi vissut [til].[8]	?
D1		heimsku harðræðis í heimi þessum:	A
C1		nú hefr[7] [þú] enn aukit þats [nú] áðan frýgum,	A
D1		greipt hefr[9] glœp stóran: gort hefr[7] [þú] þitt erfi.'	E2

Atli:

E2	84.	„Brend munt[10] á báli ok barið áðr grjóti,[11]	aE2
A3(?)		þá hefr[7] þú árnat þaztu æ beiðisk.[8]	C1(?)

Guðrún:

E2		'Segðu[12] þér slíkar sorgir ár morgin:	D1
E2		friðra vil-k[13] dauða fara í ljós annat.'	D1(v1)

---

1) drygða ec R. 2) blett ec R. 3) Toc ec R. 4) selda ec R. 5) gera R. 6) der Vers ist zu lang; der Fehler wird in þinna stecken; uber þín auð ist sehr zweifelhaft. 7) hefir R. 8) der Vers ist zu lang; til ist bereits von Grundtvig getilgt; genügt es (oder þess-s?) dœmi vissut? 9) hefr fehlt R. 10) mundv R. 11) griotl apr R; die Umstellung nach Grundtvig, s. oben S. 46. 12) seg R. 13) etla ec R.

D1	85. Sótu samtýnis,	sendusk fárhugi,	D2
D1		hendusk heiptyrði, hvártki sér undi.	E2
D1		heipt óx Hniflungi, hugði á stórræði,	D1
D1		gat fyr Guðrúnu, at [hann] veri grimmr Atla.	C1 (vs)
C1	86. Kómu í hug henni	Hǫgna viðfarar,	D2
C1		talði happ hǫnum, ef hann hefnt ynni.	C1
D2(v1)		veginn vas þá Atli: — vas þess skamt bíða —	D1
Viersilbler		sonr vá Hǫgna ok sjǫlf Guðrún.	Viersilbler
E1	87. Rǫskr tók at ræða,	rakðisk ór svefni,	E2
C1		kendi brátt benja, bands kvað [hann] þyrf onga:	D1
D1(v1)		„segið it sannasta: hverr vá son Buðla?	C1
C1		emka-k¹ litt leikinn, lífs tel-k³ vǫn ǫnga."	D1
	Guðrún:		
E2	88. 'Dylja mun-k [þik] eigi	dóttir Grímhildar:	D1
E2		lótumk því valda, es líðr þínu æfi,	aE1?
aD1		enn sumu sonr Hǫgna, es þik sár mœða.'	C1
	Atli:		
E1(v1)	89. 'Vaðit hefr³ [þú] at vígi,	þótt værit skaplikt:	A
C1		illt es vin véla, þanns þér vel trúir.	C3
E1	90. Beiddr fór ek heiman	at biðja þín, Guðrún:	aE2
E1		leyfð vastu ekkja, létu stórráða;	D1
D2		vas þá vǫn lygi, es vér um reyndum.	A
C1		fórtu heim hingat, fylgði oss herr manna.	C1
B?	91. Allt vas ítarlikt	um órar ferðir,	A
E2		margs vas alls sómi, manna tíginna;	D1
E1		naut vǫru œrin, nutum af stórum,	E2
C3		þar vas fjǫlð fear,⁴ fengu til margir.	E2
E1	92. Mund galt ek mærri,	meiðma fjǫlð þiggja,	E2
D2(v2)		þræla þría tigu,⁵ þýjar sjau góðar	E2
E2		— sœmð vas at slíku —: silfr vas þó meira.	E2

1) emca ec R.   2) tel ec R.   3) hefir R.   4) fiár R.   5) XXX. R.

— 61 —

C 1	93. Lézt[u] þér allt þykkja, sem ekki væri,	A
A(vs)	meðan lond þau lógu, es [mér] leifði Buðli;	A
E2	gróftu svá undir, gorðit hlut þiggja,	D 1
E2	sværu lézt[u] þína sitja opt grátna;	E2
C1	fann-k¹ í hug heilum hjóna vætr síðan."	E2

Guðrùn:

E2	94. 'Lýgr þú nú, Atli, þót [ek] þat litt rækja:	C1
D 1	heldr vas-k² hveg sjaldan, hóstu þó stórum.	E2
D 1	borðuzk [ér] bræðr ungir, bǫruzk róg milli:	D 1
E 1	hálft gekk til heljar ór húsi þínu,	A
D 1	hroldi hotvetna, þats³ til hags skyldi.	C 1

E1(v1)	95. Þríu⁴ vǫrum systkin, þóttum óvægin,	D 1
E2	fórum af landi, fylgðum Sigrøði;⁵	D2(?)
E2	skæva vér létum, skipi hvert várt stýrði,	E2(v1)?
E2(vs)	orkuðum at auðnu, unz vér austr kómum.	C1

E1(v1)	96. Konung drópum fyrstan, kurum land þaðra,	D 1
D1(vs)	hersar [oss] á hǫnd gengu: hræzlu þat vissi;	E2
E2	vógum ór skógi þauns vildum sýknan,	A
E2	settum þann sælan es sér né áttit.	A

E 1	97. Dauðr varð inn húnski: drap þá brátt kosti.	E2
C1	strangt vas augr ungri ekkju nafn⁶ hljóta.	E2
E 1	kvǫl þótti kvikri at koma í hús Atla:	aE2
D 1	átti áðr kappi, illr vas sú missir.	E2

C 1	98. Komtat [þú]⁷ af því þingi, es vér þat fregin,	C 1
C 1	at þú søk sóttir, né slokðir aðra;	A
E2(v1)?	vildir ávalt vægja⁸ enn vætki halda,	A
E2	kyrt um því láta, ...'	

1) fann ee R. 2) var ee R. 3) þat er R. 4) þriv R. 5) Sigerþi R; nach 91, 1 konnte Sigurði allenfalls bestehen, doch ist eine ältere Form Sigrǫði oder gedehntes Sigurði (oder gar Sigferði?) wahrscheinlicher. 6) nafn Vǫls.] nam R. 7) comtaþv R. 8) der Vers ist überfüllt; aber R hat vęgja; lies also voga ($\angle \times \mid \angle \times \smile \times$?).

Atli:

E2	99. 'Lýgr þú nú, Guðrún!	litt mun við bœtask	D1
D1	hluti hvárigra:	hǫfum ǫll skarðan;	D1
E2	gorðu nú, Guðrún,	af gœzku þinni	A
D1	okkr til ágœtis,	es mik út hefja.*	C1

Guðrún:

E2	100. 'Knǫrr mun ek kaupa	ok kistu steinda,	A
D1	vexa vel blœju,	(at) verja þitt líki,	E2
E2	hyggja á þǫrf hverja,	sem vit holl værim.'	C1

E2	101. Nár varð þá Atli:	niðjum strið œxti;	D1
D2	efndi ítrborin	alt þats réð heita;	E2
E1	fróð vildi Guðrún	fara sér at spilla:	E1(v1)
C1	urðu dvǫl dœgra,	dó [hón] í sinn annat.	D1

E2	102. Sæll es hverr síðan,	es slíkt getr fœða	A
D2	jóð at afreki,	sem þats¹ ól Gjúki:	C1
E2(v1)	lifa mun þat eptir	á landi hverju	A
D1	þeira þrámæli,	hvargis² þjóð heyrir.	C1

1) sem þats] sems R; *oder einfach* sem es?   2) hvargi *or* R.

LJÓÐAHÁTTR.

Ueber den nordischen Ljóðaháttr hat Herr H. Schnorr von Carolsfeld in München, wie er mir mitteilt, eine eingehende Untersuchung begonnen. Ich möchte derselben nicht vorgreifen, und beschränke mich deshalb hier auf einige Bemerkungen zur Erläuterung meines Verfahrens bei der Bearbeitung der unten als Probe vorgelegten Lokasenna. Dies Gedicht habe ich mit Absicht ausgewählt, weil es eines der regelmässigsten Stücke im Ljóðaháttr ist, und sich so, mit seiner verhältnismässig geringen Zahl von Verstypen, zur ersten Einführung in das Studium dieses schwierigen Metrums besonders eignet.

Mein Verfahren bei der Constitution des Textes ist ein etwas anderes gewesen als bei den vorstehenden Proben des Fornyrðislag und Málaháttr. Einmal habe ich, um einen bessern Ueberblick über die rein metrischen Correcturen geben zu können, Bragarmál und was damit zusammenhängt diesmal stillschweigend durchgeführt, ohne die abweichenden Lesarten der Handschrift besonders anzumerken, da jetzt wol zur Genüge feststehen dürfte, dass auf die Behandlung dieser Dinge in den Handschriften keinerlei Gewicht zu legen ist. Sodann bin ich in der Tilgung von Pronominibus, Partikeln u. dgl. entschiedener vorgegangen, d. h. ich habe die aus allgemeinen Gründen verdächtigen Wörtchen dieser Art fast überall in [—] gesetzt, wo das Metrum sie nicht direkt verlangt. Dass ich hierin Recht getan habe, glaube ich daraus schliessen zu dürfen, dass dieses Verfahren, obwol es ohne positive Rücksicht auf die Metrik eingeschlagen wurde, doch das Resultat gehabt hat, durchaus glatte Verse herzustellen.

Was nun den Versbau des Ljóðaháttr anlangt, so wurde in den Beiträgen VI, 352 ff. im Anschluss an die bekannte Regel Bugge's vom Ausgange der Langzeile festgestellt, dass diese Zeile aus einem zwei- bis sechssilbigen 'Grundvers' und einer betonten, auflösbaren 'Zusatzsilbe' bestehe; der ersten Hebung könne ein Auftakt von einer Silbe vorausgehen. Die Kurzzeilen bestehen gewöhnlich aus einem jener zwei- bis sechssilbigen Grundverse, die zweite Kurzzeile auch oft aus einem Grundvers mit Zusatzsilbe. Auftakt ist in der zweiten Kurzzeile ebenfalls gestattet. Im Aufbau der Halbstrophen lässt sich vielfach die Tendenz beobachten, von kürzeren Zeilen zu längeren fortzuschreiten.

Zu diesen Regeln habe ich an Allgemeinem jetzt nur hinzuzufügen, dass auch jene 'Grundverse' wieder grossenteils im Anschluss an die wolbekannten fünf Typen gebaut sind. Zu ihnen tritt als sechster ein dreisilbiger Vers, gewöhnlich von der Form $\underline{\_} \times \underline{\_}$, selten $\underline{\_}\underline{\_} \times$. Es ist derselbe Vers, den wir in der ersten Halbzeile des eigentlichen Kviðuháttr, d. h. des von mir als 'Drei- und Viersilbler abwechselnd' bezeichneten Versmasses (s. Möbius, Arkiv for nord. Filol. I, 288 ff.), finden. Wir können ihn mit F bezeichnen. Ganz vereinzelt treten dann auch noch zweisilbige Verse auf, wie in dem bekannten *Deyr fé* der Hávamǫl (Str. 75. 76); ich nenne diesen Typus G.

Das Princip, von kürzeren Versen zu längeren in der Halbstrophe aufzusteigen, ist in der Lokasenna ziemlich wol gewahrt. Es scheint fast, dass in der ersten Halbzeile der Halbstrophe das Mass eines Viersilblers nicht überschritten werden sollte. Neben dem Dreisilbler F, der ungefähr 38 mal begegnet, erscheinen von den Viersilblern seltener B und C, nämlich je 9 mal, am gewöhnlichsten A, gegen 60 mal. Man sieht, wie sehr hier die fallenden Typen, F und A, überwiegen. A mit Auftakt, also ein fünfgliedriger Vers, ist fünfmal belegt:

of vǫpn sín dœma 2, 1   es þá Vea ok Vilja 26, 4.
siztu arma þína 17, 4   við systur þinni 36, 4.
þvít aldar ǫrlǫg 21, 4

Ich halte aber alle diese Verse für verdächtig. Str. 2, 1 liegt es nahe, *sin* zu streichen, wie *sina* in der zweiten Halbzeile *ok um vigrisni sina*, welche einen sonst in der Lokasenna gar nicht belegten Verstypus ergäbe (erweitertes E mit zweisilbigem Auftakt)., V. 36, 4 wird *systr* zu setzen sein, wie z. B. Guðr. I, 20, 7 und Atlam. 53, 5 überliefert ist. Diese beiden Zeilen fallen dann zu C. An den andern drei Stellen werden die unpoetischen Eingänge *siztu*, *þvít*, *es þá* wol auf Interpolationen beruhen.

Von den übrigen fallenden Typen steht einmal D, und zwar in der erweiterten, fünfgliedrigen Form: *jǫs ok armbauga* 13, 1. Aber nach Str. 12, 40, wo Bragi nur von einem *baugr* redet, ist zu vermuten, dass im Original auch nur *jǫs ok bauga* nach A gestanden hat.

Ebenso zweifelhaft sind die Stellen, wo man E annehmen könnte. *Ǫrlǫgum yðrum* 25, 1, *austrfǫrum þínum* 60, 1 halte ich für A 2 mit Auflösung der Nebentonsilbe. Ebenso können aber auch wol *ókynjan meira* 56, 4 und *ǫl gǫrðir Ægir* 65, 1 zu A gezogen werden, vgl. oben S. 15 und Beitr. VI, 312 ff. Dann bleiben noch die Verse

a) getit verðr oss slíks 52, 4   b) heill vestu nú Loki 53, 1
eiga þín ǫll 65, 4

V. 65, 4 halte ich für F mit verschleifter Senkung, und so kann vielleicht auch 52, 4 zu F gezogen werden, wenn wir diesem Typus wie A die Freiheit der Bildung zweisilbiger nicht verschleifbarer Senkung zugestehen. Wahrscheinlicher aber wird *oss* zu tilgen sein. V. 53, 1 endlich ist auf jeden Fall überladen: über die Correctur kann man verschieden urteilen. Am nächstliegenden kommt mir vor, was im Texte angedeutet ist, nämlich *heill nú, Loki*, also ein A 2 mit Kürzung oder F mit Auflösung der zweiten Hebung. Zur Satzform vgl. in unserem Gedichte selbst *heilir æsir, heilar ásynjur ok ǫll ginnheilug goð* Str. 11.

Ganz zweifelhaft ist die Zeile *úlfgi hefr ok vel* 39, 4; dieselbe würde als A mit einer Zusatzsilbe am Schlusse aufzufassen sein, wie solche Verse in der zweiten Halbzeile und der Langzeile oft vorkommen. Aber die Zeile entbehrt der Alliteration, und zwar scheint der Fehler auf Seite der ersten Halbzeile zu liegen, da die zweite in Sinn und Metrum untadlig ist. Dann bleiben noch

veitk ef fyr útan værak 14, 1   veizt ef mik á hjǫrvi skulu 50, 1
veizt ef [ek] inni ættak 27, 1   veizt ef fyrstr ok øfstr 51, 1.
veizt ef [ek] øðli ættak 43, 1

Die drei ersten dieser Verse könnten Sechssilbler sein, die beiden letzten Fünfsilbler (50, 1 mit Auflösung der Schlusshebung). Es wäre aber doch sehr sonderbar, wenn diese Sechs- und Fünfsilbler immer auf diese eine Satzform mit *veitk ef, veizt ef* beschränkt gewesen wären. Ich habe also den Verdacht, dass auch diese Verse eine gemeinschaftliche Corruptel erfahren haben durch den Zusatz von *veitk* resp. *veizt*. V. 14, 1 müsste man dann wol die Aussprache *utan* annehmen, die ich freilich sonst nicht metrisch belegen kann (über *útan* vgl. Beitr. V, 513); die Zeile fiele dann zu C, ebenso die beiden folgenden mit Elision des *i* von *inni* und *øðli*. Die beiden letzten endlich ergeben bei der Streichung von *veizt* ohne weiteres den Typus B. Die Interpolation könnte durch eine Reminiscenz an 4, 1 mit der spöttisch das *veizt* dieser Zeile widerholenden Gegenrede Loki's 5, 1 veranlasst sein.

Für einigermassen sicher halte ich hiernach, dass dem Dichter der Lokasenna für die erste Halbzeile neben dem Dreisilbler F und dem Viersilbler A nur noch B und C geläufig waren. Anzuerkennen sind vielleicht einige E. Was über das Mass des Viersilblers hinausgeht, ist wenigstens verdächtig.

An die Besprechung der ersten Halbzeile schliesse ich sogleich die der Langzeile, weil sich einige Besonderheiten, durch die sich die zweite Halbzeile von der ersten unterscheidet, in der Langzeile wiederfinden und an dieser besser demonstrieren lassen.

Für den Ausgang der Langzeile ist der reine Typus A1 $\perp\times\ |\ \perp\times$ nicht verwendbar; aber auch A2k $\perp\perp\ |\ \cup\times$ kommt meines Wissens nicht vor, denn *lundr lognfara* Skirn. 39. 41 und *friðr finna daga* Hav. 51 gehören, wie die Alliteration zeigt, zu D2, $\perp\ |\ \perp\cup\times$, und *fellk aptr þaðan* Hav. 138 aus dem gleichen Grunde zu C3, $\times\perp\ |\ \cup\times$. B mit und ohne Auflösung der zweiten Hebung und C3 sind an sich möglich, aber wegen ihrer Kürze und des raschen Rhythmus für die schwere Schlusszeile der Halbstrophe doch kaum recht geeignet. So findet sich denn auch nur ein ganz sicheres C, *þú'st við vlg varastr* 13, 6, während *ok þér i munn migu* 34, 6 auch eine andere Auffassung zulässt (s. unten S. 67). Etwas häufiger ist B; ganz rein 13, 7, mit Auflösung der zweiten Hebung 44, 3. 46, 6. 63, 6, mit verschleifbarer Senkung *bera tilt með tveim* 38, 3, *enum slævurum sigr* 22, 6. 23, 3, *at [ér] mæla né meguð* 7, 3, mit zweisilbiger Senkung *ef [þú] mælir til mart* 5, 6, *eða heitið mik heðan* 7, 6 und *hví þrasir [þú] svá, Þórr* 58, 3. Doch können die beiden letzten Verse (58, 3 unter Beibehaltung des *þú*) auch allenfalls als (×)× | ́×́ | ́ zu E mit Auftakt gerechnet werden (s. unten).

Von den Unterarten von D begegnet die zweite, ́ | ́ ̆×, einmal mit Auftakt, *ok vaka vorðr goðu* 48, 6; häufiger ist dieselbe Form des erweiterten fünfsilbigen Typus D*[1]) ́× | ́ ̆×: *mina meinstafi* 28, 3, *ljóta leiðstafi* 29, 3, *allir ǫl saman* 45, 6, *fullum forns mjaðar* 53, 3, *heiman Hlórriða* 55, 3, *hyggsk vætr hvatr fyrir* 15, 6, *hryggr munt[u] heim fara* 31, 6 und auch wol mit Auflösung der ersten Senkung *hór ok af Hlórriða* 54, 6, endlich mit Auftakt *ok allra óskmaga* 16, 3, *ok lagðir [þú] lær yfir* 20, 6. D 4 ́ | ́× ́ findet sich nur einmal mit Auflösung der ersten Hebung, *Bragi bekkjum á* 11, 6, wenn diese Zeile nicht vielmehr zu dem später als A+1 charakterisierten Typus zu ziehen ist.

Wieder beliebter ist E, und zwar findet hier in der Lokasenna stets Auflösung der zweiten Hebung statt. Der Typus E 1, wie *sigtíva synir* 1, 6. 2, 3, *feti gangi framarr* 1, 3 begegnet 9 mal (5, 3. 19, 3. 31, 3. 40, 6. 45, 3. 55, 6), dazu mit Umstellung *bekkskrautuðr Bragi* 15, 3; der Typus E 2 ́× ́ | ́ nur zweimal sicher, *mæran drykk mjaðar* 6, 6 und *beggja vanr Bragi* 13, 3, ferner zweimal zweifelhaft mit Auftakt in den Versen *eða heitið mik heðan* 7, 6, *hví þrasir þú svá Þórr* 58, 3, die oben mit grösserer Wahrscheinlichkeit zu B gestellt wurden.

Das grösste Contingent liefern jedoch Verse wie

Loptr um langan veg 6, 3
gambansumbl um geta 8, 6.

Auf den ersten Blick könnte man geneigt sein, solche Verse als erweiterte D 4 ́× | ́× ́ aufzufassen. Hiergegen aber sprechen verschiedene Gründe. Bei natürlichem Vortrag ergiebt sich sofort ein ganz anderer Rhythmus als bei dem

---

[1]) Ich bezeichne im folgenden die durch Zusatz einer Senkung erweiterten Typen D und E als D* und E*.

erweiterten D, bei welchem die Schlusssilbe doch nur einen Nebenton haben soll. Hier aber ist die Schlusssilbe ohne Zweifel voll betont: sie trägt sehr oft die Alliteration, und wird sehr oft aufgelöst; beide Erscheinungen vereinigen sich z. B. in der oben zu zweit angeführten Zeile. Bei dieser ist der natürliche Rhythmus ohne allen Zweifel *gumban-* | *sumbl um* | *géta*, und nicht *gumban-* | *sumbl um géta*. Ich betrachte daher diese Verse, in Uebereinstimmung mit meiner alten und in diesem Falle berechtigten Einteilung der Langzeile des Ljóðaháttr in Grundvers + Zusatzsilbe, als Erweiterungen von A, die ich mit A + 1 bezeichne. Die Alliteration trifft hier entweder die Icten 1 und 2, oder 1 und 3, oder 2 und 3. Im letzteren Falle ist es öfter unmöglich, diese Verse mit voller Sicherheit von B mit mehrsilbiger erster Senkung zu scheiden, vgl. z. B. Verse wie *umb þinn bróðurbana* 17, 6, *es þik glapði at geði* 20, 3, *þót hón sjólfgi segi* 29, 6, *esat þér vamma vant* 30, 3. Doch spricht, wie ich glaube, der schwere Gang des Rhythmus in den Langzeilen im Allgemeinen für A + 1.

Ziemlich häufig verbindet sich der Typus A + 1 in der Langzeile mit einem Auftakt, wie *ok drapt á vætt sem volur* 24, 2, *ok hefr æ vergjorn verit* 26, 3, *ok meini blandin mjok* 32, 3 u. s. w., und öfter mit zweisilbiger Senkung, wie *ok blenkt þeim svá meinl mjoð* 3, 6, *ok bœtir [þér] svá baugi Bragi* 12, 3, *ok mundir [þú] þá Freyja frata* 32, 6, *ok þykkir sá ása jaðarr* 35, 6 etc. Es ist leicht zu sehen, dass Verse dieser letzteren Art auch als × | ́- ×́ - | ́- × | ́-, d. h. als erweitertes E* + 1 mit Auftakt gefasst werden können; ich wüste in der Tat keine feste Entscheidung zu geben. Für einen Typus E + 1 kann der Vers *hverr hefr þinn hórr verit* 30, 6 sprechen (oder ist *hverr hefr hórr þinn verit* zu lesen?). E + 1 mit Auftakt ist wieder unsicher, denn *ok hugðak þat args aðal* 23, 8, 24, 6, *ok svelgr [hann] allan Sigfoður* 58, 6, *ok þóttiska [þú þá] Þórr vesa* 60, 6 können auch als B + 1 mit zweisilbiger Senkung gelten. Für letztere Auffassung scheint mir 58, 6 zu sprechen, denn es wäre doch unnatürlich, *allan*, das zum folgenden gehört, mit Nebenton in den ersten Fuss von E hineinzuziehen. Auch *ok þér i munn migu* 34, 6 (oben S. 66) ist wol am einfachsten hierherzustellen. Sicher sind sodann wieder einige Beispiele für einen Typus D + 1, nämlich *vergjarnasta vesa* 17, 3, *jafngorla sem ek* 21, 6 und *kýr mólkandi ok koma* 23, 6.

Wieder anders ist die Auswahl der Typen der zweiten Halbzeile. Die beiden Hauptformen der ersten Halbzeile, F und A, fehlen fast ganz. Für F lassen sich nur anführen *þrungin goð* 7, 2 und allenfalls auch *björreifan* 18, 5;

beide Stellen halte ich aber für verderbt. Auch für A stehen nur zwei ganz sichere Belege zu Gebote, *ofund um gjaldir* 12, 5 und *finna né máttu* 46, 5, ein dritter ist vielleicht *ef* [*þú*] *svá 'værir* 54, 2 (Alliteration auf *ef* und *værir*?). Dazu vier mit Auftakt: *lézt eigi mundu* 9, 5, *þeims gefa né skyldak* 23, 2, *at fleiri teljak* 28, 2, *es* [*þú*] *riða sérat* 28, 5. Dagegen ist B mit 34 (ungerechnet *vast*[*u*] *við Laufeyjar son* 52, 2, was wegen der schweren zweiten Senkung auffällig ist) und C mit 48 Belegen (ungerechnet 25, 5. 33, 2) vertreten; zu B oder C gehören ausserdem noch die bei den Zeilen 21, 5 und 29, 5, je nachdem man mit der ersten Stelle *hykk at* [*hón*] *oll um viti* oder mit der zweiten *hykk at* [*hón*] *oll viti* liest. Das Letztere ist mir am wahrscheinlichsten. Demnächst begegnet A + 1, das wir als Hauptform der Langzeile kennen lernten, 27 mal sicher; dazu noch 49, 2 *munattu lengi svá* (wo ursprünglich doch wol *montat* stand) und, mit zweisilbiger erster Senkung *þú kunnir aldrigi* 22, 2. 38, 2. 46, 2. D scheint ganz zu fehlen. Belege für E1 sind *árdsi fyrir* 41, 2. für E2 *þess munk ná geta* 20, 2, mit Auftakt *ins hrimkalda magar* 49, 5. 50, 2. B + 1 (oder C mit dreisilbiger Eingangssenkung?) scheint vorzuliegen in *ef* [*þú*] *eyss á holl regin* 4, 5 und *at drekka Hropts megir* 45, 5; ein E2 + 1 in *drýgðuð í árdaga* 25, 5. Zweifelhaft ist *heitar ásynjur* 11, 2; das ist entweder C1, oder, wenn man gekreuzte Alliteration annimmt, ein erweitertes D*1. Für verderbt halte ich *at óss ragr* 33, 5; ferner *þeims* [*þú*] *gefa skyldira* 22, 5, wo nach 23, 1 sicher *þeims gefa né skyldir* = aA zu lesen ist; endlich den Sechssilbler *þik kveð-k allra krenna* 17, 2, wo *kvenna* möglicherweise späterer Zusatz ist (gekreuzte Alliteration auf *þik* und *allra*).

Das Verhältnis der Häufigkeit der einzelnen Versformen in den einzelnen Zeilen der Halbstrophe stellt sich hiernach bei den einfachen Typen wie folgt:

	A	B	C	D	E	F
I.	60+6*	9+3*	9+3*	—	—	38+1*
II.	2+1*	34+1*	48+2*	—	2	2*
III.	—	1	1	—	11+1*	—

und bei den erweiterten Typen wie

	aA	A+1	aA+1	B+1	aD	D*	aD*	D+1	E+1
I.	—	—	—	—	—	—	—	—	—
II.	4	31	—	—	—	—	—	—	—
III.	—	55	26	5*	2	8	2	3	1

Dabei sind einige ganz zweifelhafte Verse weggelassen, minder zweifelhafte zwar aufgenommen, aber von den sichern Belegen der Typen zu denen sie gestellt sind, durch einen Stern unterschieden.

Die erste Halbzeile im Ljóðaháttr der Lokasenna besteht hiernach vorwiegend aus A und F, in zweiter Linie B und C; die zweite aus C, B und A+1; die Langzeile vorwiegend aus A+1 und aA+1, in zweiter Linie aus B und E.

Die Unterabteilungen der einzelnen Typen sind bei der folgenden Probe nicht mehr angegeben, mit Ausnahme etwaiger Auflösungen von F.

Lokasenna.

		Loki:		
A	1.	'Seg[ðu] þat, Eldir, svát [þú] einugi		B
		feti gangi framarr:		E
A		hvat hér inni hafa at ǫlmǫlum		C
		sigtíva synir?'		E
		Eldir:		
C	2.	„Of vǫpn [sín] dœma ok um vígrisni [sína]		C
		sigtíva synir;		E
A		ása ok álfa es hér inni eru		A+1
		mangi's [þer] i vorði vinr."		A+1
		Loki:		
A	3.	'Inn skal ganga Ægis hallir í		A+1
		á þat sumbl at sea;		A+1
A		jól' ok ǫfu fœri-k ása sonum		A+1
		ok blent-k þeim svá meini mjǫð.'		aD*+1
		Eldir:		
A	4.	„Veizt[u] ef [þú] inn gengr Ægis hallir í		A+1
		á þat sumbl at sea,		A+1
A		hrópi ok rógi ef [þú] eyss á holl regin,		B+1
		á þér munu [þau] þerra þat."		aA+1

1) loll R.

— 70 —

Loki:

A	5. 'Veizt[u] þat, Eldir, ef [vit] einir skulum	B
	sáryrðum sakask,	E
A	auðigr verða mun-k í andsvorum,	C
	ef [þú] mælir til mart.'	B(aE?)

Loki:

F	6. 'Dyrstr ek kom þessar hallar til,	A+1
	Loptr, um langan veg,	A+1
A	ósu at biðja at mér einn gefi	C
	mæran drykk mjaðar.	E

B	7. Hvi þegið ér svá, þrungin goð,	F?
	at [ér] mæla né meguð?	B
Fv2	sessa ok staði velið mér sumbli at,	A+1
	eða heitið mik héðan.'	B

Bragi:

Fv2	8. „Sessa ok staði velja þér sumbli at	A+1
	æsir aldrigi;	A+1
B	þvit æsir vitu hveim þeir alda skulu	A+1
	gambansumbl um geta."	A+1

Loki:

A	9. 'Mant[u] þat, Óðinn, es [vit] í árdaga	C
	blendum blóði saman?	A+1
A	ǫlvi bergja lézt[u] eigi mundu	aA
	nema okkr væri báðum borit.'	aA+1

Óðinn:

A	10. „Rís[tu] þá, Víðarr, ok lát vúlfs fǫður	C
	sitja sumbli at!	A+1
Fv2	síðr oss Loki kveði lastastǫfum	B
	Ægis hǫllu í."	A+1

Loki:

A	11. 'Heilir æsir, heilar ásynjur	C?D*?
	ok oll ginnheilug goð,	C+1?
B?	nema sá einn áss es innar sitr,	B
	Bragi, bekkjum á.'	D

Bragi:

A	12. „Mar ok mæki gef-k þér míns fear,	C
	ok bœtir [þér] svá baugi Bragi;	aA+1
A	siðr þú ósmin ofund um gjaldir,	A
	greinjat¹ goð at þér."	A+1

Loki:

A?	13. 'Jós ok [arm]bauga munt[u] æ vesa	C
	beggja vanr, Bragi.	E
A	ása ok álfa es hér inni eru	A+1
	þú'st við víg varastr,	C
	ok skjarrastr við skot.'	B

Bragi:

C?	14. „[Veit-k], ef fyr² utan væra-k [svá] sem fyr innan em-k	B(A+1?)
	Ægis hǫll um kominn,	A+1
F	haufuð þitt bæra-k í hendi mér:	A+1
	litt's³ þér þat fyr lygi."	A+1

Loki:

A	15. 'Snjallr est[u] í sessi, skalat[u] svá gera,	C
	bekkskrautuðr Bragi!⁴	E
Fv 1	vegn þú gakk ef [þú] vreiðr seïr!	C
	hyggsk vætr hvatr fyrir.'	D*

Iðunn:

Fv 2	16. „Bið-k þik⁵, Bragi, barna sifjar duga	A+1
	ok allra óskmaga,	aD*

1) grempv eigi R.   2) þyr R.   3) litt ec R.   4) bragi beeeseravtv|er R.   5) þik fehlt R.

— 72 —

Fv 2	at þú Loka kveðira lastastofum	A+1
	Ægis hollu í."	A+1

Loki:

A(Fv 2?)	17. 'Þegi þú, Iðunn! þik kveð-k allra kvenna	?
	vergjarnasta vesa:	D+1
[a]A	[siztu] arma þína lagðir ítrþvegna	C
	umb þinn bróðurbana.'	A [·1

Iðunn:

	18. „....... Loka [ek] kveðka lastastofum	A+1
	Ægis hollu í:	A [·1
A	Braga ek kyrri † bjórreifan;	?
	vilkak at [it] vreiðir vegizk."	A+1

Gefjon:

B	19. „Hví it æsir tveir skuluð inni hér	B
	sáryrðum sakask?	E
Fv	† Lopzei þat veit at [hann] leikinn es	B
	ok hann fjorg oll fía'.·	A+1

Loki:

A	20. 'Þegi þú, Gefjon! þess mun-k nú geta,	E
	es þik glapði at geði	A+1
A	sveinn inn hvíti es þér sigli gaf,	A [·1
	ok [þú] lagðir lær yfir.'	B [·1

Óðinn:

Fv2	21. „Œrr² est[u], Loki,³ ok orviti,	C
	es [þú] fær þér Gefjon at gremi:	aA+1?
[a]A	[þvít] aldar orlog hykk at [hón] oll [um]⁴ viti	B
	jafngorla sem ek."	D+1

Loki:

A	22. 'Þegi þú, Óðinn! þú kunnir aldrigi	A+1
	deila víg með verum.	A+1

---

1) *so Egilsson;* fiorg vaſl friá R.   2) *diese Zeile auch* SE I, 84. II, 265.   3) ertv nv Loki W, ertu nu orþinn U.   4) *vgl.* 29, 4.

F	opt þú gaft þeims [þú] gefa skyldira,[1]	aA?
	enum slævurum sigr.'	B

Óðinn:

F	23. „Veit-k ef [ek] gaf þeims [ek] gefa né skylda,	aA
	enum slævurum sigr:	B
F	átta vetr vast[u] fyr jorð neðan	C
	kýr mólkandi ok kona,	D+1
	ok hefr [þú] þar born um[2] borit,	aA+1
	ok hugða-k þat args aðal."	aE+1

Loki:

A	24. 'Enn þik síða[3] kóðu í Sámseyju[4]	C
	ok drapt[u] á vætt sem volur:	aA+1
A	vitka líki fort[u] verþjóð yfir,	B
	ok hugða-k þat args aðal.'	aE+1

Frigg:

A(E*?)	25. „Orlogum ykkrum skylið aldrigi	B
	segja seggjum frá.	A+1
B	hvat it æsir tveir drýgðuð í árdaga.	E+1(C?)
	firrisk æ forn rok firar!"	A+1

Loki:

Fv 1	26. 'Degi þú, Frigg! þú'st Fjorgyns mær	B
	ok hefr æ vergjorn verit:	aA+1
[a]A	[es þú] Vea ok Vilja lézt[u] þér, Viðris kvæn,	A+1
	báða í baðm um tekit.'	A+1

Frigg:

C?	27. „Veizt[u], ef [ek] inni ætta-k Ægis hollum í	A+1
	Baldri glíkan bur,	A+1
A	út [þú] né kvæmir frá ása sonum	B
	ok væri [þú] at þér vreiðum vegit."	aA+1

---

1) *lies* gefa né skyldir *nach* 23, 2.   2) born um *fehlt* R, *ergänzt von* Rask *nach* 33, 7
3) siða *Gunnarr Pálsson*, siga R.   4) sámseyio í R.

10

Loki:

F	28. 'Enn vill [þú], Frigg, at [ek] fleiri telja		aA
	mina meinstafi:		D*
F	ek því réð, es [þú] ríða sérat		aA
	síðan Baldr at sølum.'		A+1

Freyja:

Fv2	29. „Œrr est[u], Loki, es [þú] yðra telr		B
	ljóta leiðstafi:		D*
F	ørløg¹ Frigg hykk at ǫll² viti,		C
	þót hón sjǫlfgi segi."³		A+1

Loki:

A	30. 'Þegi þú, Freyja! þik kann-k fullgǫrva,		C
	esa þér vamma vant:		A+1
A	ása ok álfa es hér inni eru		A+1
	hverr hefr þinn hórr verit.'		E+1

Freyja:

A	31. „Flǫ́'s þér tunga, hykk at þér fremr myni⁴		C
	ógott um gala;		E
A	vreiðir'o [þér] æsir ok ásynjur:		C
	hryggr munt[u] heim fara."		D*

Loki:

A	32. 'Þegi þú, Freyja! þú'st fordæða		C
	ok meini blandin mjǫk:		aA+1
C	[siz] þik⁵ at brœðr þínum stóðu⁶ blíð regin,		C
	ok munndir [þú] þá, Freyja, frata.'		aA+1

Njǫrðr:

C	33. „Þat's vǫ́ lítil,⁷ þót sér vers fái		C
	varðir,⁸ hóss eða hvars.		A+1

---

1) Z. 4–6 *auch* SE I, 84. II, 265. *Nach* ørløg *schiebt* U manna, W vita *ein*. 2) þav U.
3) því at henni sialfgi segir U. 4) mý R. 5) siz þik *Bugge*] sitztv R. 6) stóþo *Bugge*]
siþo R. 7) válitit R. 8) *so Hildebrand*; varþer vers fái R.

F	hitt es undr at øss ragr	?
	es hér inn of kominn	A+1
	ok hefr sá born of borit."	aA+1

Loki:

Fv1	34. 'Degi þú, Njǫrðr! [þu] vast austr heðan	C
	gísl um sendr at goðum.	A+1
F?	Hymis meyjar hǫfðu [þik] at hlandtrogi,	C
	ok þér í munn migu.'	B+1

Njǫrðr:

Fvs	35. „Sú erumk líkn, es [ek] vas-k langt heðan	C
	gísl um sendr at goðum:	A+1
B	þa ek mǫg um gat, þanns mangi fíar,	B
	ok þykkir sá ása jaðarr."	aA+1

Loki:

F	36. 'Hætt[u] nú, Njǫrðr! haf [þú] á hófi þik!	B
	munka[k] því leyna lengr:	A+1
C	við syst[u]r¹ þinni gazt[u] slíkan mǫg	B
	ok esa þó vónu² verr.'	aA+1

Týr:

F	37. „Freyr es baztr allra ballriða	C
	ása gǫrðum í;	A+1
A	mey [hann] né grætir né manns konu,	C
	ok leysir ór hǫptum hvern."	aA+1

Loki:

Fv1	38. 'Degi þú, Týr! þú kunnir aldrigi	A+1
	bera tilt með tveim:	B
A	handar [innar] hœgri mun-k hinnar geta,	B
	es þér sleit Fenrir frá.'	aA+1

Týr:

Fvs	39. „Handar em-k vanr, enn þú hróðrs vitnis,	C
	bǫl es beggja þrá;	A+1

1) systor R. 2) óno R.

— 76 —

?	úlfgi hefr ok vel es í bondum skal	B	
	bíða ragna rökrs."	A+1	

Loki:

Fvl	40. 'Degi þú, Týr! þat varð þinni konu	A+1	
	at [hón] átti mog við mér.	aA +1	
A	ǫln né penning hafðir [þú þess] aldrigi	B	
	vanréttis, vesall!'	E	

Freyr:

A	41. „Úlf sé-k liggja árósi fyrir,	E	
	unz um¹ rjúfask regin.	A+1	
F	því munt[u] næst, nema [þú] nú þegir,	C	
	bundinn, bǫlva smiðr!"	A+1	

Loki:

A	42. 'Gulli keypta lézt[u] Gymis dóttur,	C	
	ok seldir þitt svá sverð.	aA+1	
B	enn es Múspells synir ríða Myrkvið yfir	A+1	
	veizta [þú] þá, vesall, hvé [þú] vegr.'	A+1	

Byggvir:

C?	43. „[Veiztu], ef [ek] oðli ætta-k sem Ingnnar Freyr,	B	
	ok svá sællikt setr,	A+1	
A	mergi smæra molða-k [þá] meinkróku	C	
	ok lemða alla í liðu."	aA+1

Loki:

A	44. 'Hvat's þat it litla, es [ek] þat loggra sé-k,	B	
	ok snapvíst snapir?	B	
B	at eyrum Freys munt[u] æ vesa	C	
	ok und kvernum klaka.'	A+1 (B?)	

Byggvir:

A	45. „Byggvir ek heiti,² enn mik bráðan kveða	A+1 (B?)	
	goð ǫll ok gumar.	E	

1) um fehlt R.   2) lies heiti-k?

C	því em-k hér hróðugr, at drekka Hropts megir	B+1	
	allir ǫl saman.*	D*	

Loki:

A	46. 'Þegi þú, Byggvir! þú kunnir aldrigi	A+1
	deila með mǫnnum mat.	A+1
C	[ok] þik í flets strái¹ finna né máttu,	A
	þás vǫgu verar.'	B

Heimdallr:

Fv2	47. „Ǫlr est[u], Loki, svát [þú] est² ørviti,	C
	hví né lezkat [þu], Loki?³	A+1
C	þvít ofdrykkja veldr alda hveim	B
	es sína mælgi né manat.*	aA+1

Loki:

A	48. 'Þegi þú, Heimdallr! þér vas í árdaga	C
	it ljóta líf um lagit:	aA+1
Fv2	aurga baki þu munt æ vesa	C
	ok vaka vǫrðr goða.'	aD

Skaði:

Fv2	49. „Létt's þér, Loki, munattu lengi svá	A+1
	leika lausum hala:	A+1
B	[þvít] þik á hjǫrvi skulu ins hrímkalda magar	aE
	gǫrnum binda goð.*	A+1

Loki:

B?	50. '[Veiztu] ef mik á hjǫrvi skulu ins hrímkalda magar	uE
	gǫrnum binda goð,	A+1
F	fyrstr ok øfstr vas-k at fjǫrlagi	C
	þars vér⁴ á Þjaza þrifum.'	aA+1

---

1) strá R.   2) er R; lies sva est?   3) diese Zeile auch SE I, 84. II, 265; für letztaþv R hat W lezkattu, r legskaþv; in U lautet die Zeile hví floptir þv loptr.   4) vér muss wol bleiben, damit þars in die Senkung tritt und so dreifache Alliteration vermieden wird.

Skaði:

B?	51. „[Veiztu], ef fyrstr ok ofstr vast[u] at fjǫrlagi,	C
	þás ér á Þjaza þrifuð,	aA+1
C	frá veum mínum¹ ok vǫngum skulu	B
	þér æ kǫld rǫð koma."	A+1

Loki:

A	52. 'Léttari mǫlum vast[u] við Laufeyjar son,	B?
	þás [þú] lézt mer á beð þinu boðit:	aA+1
FvI	getit verðr [oss] slíks ef [vér] gǫrva skulum	B
	telja vǫmm in vǫr.'	A+1

Sif:

Fv(A2k?) 53.	„Heill [vestu] nú, Loki, [ok] tak við hrímkalki	C
	fullum forns mjaðar!	D*
A	heldr [þú] hana eina látir með ása sonum	A+1
	vammalausa² vesa."	A+1

Loki:

A	54. 'Ein þú værir ef [þú] svá værir	A
	vǫr ok grǫm at veri:	A+1
F	einn ek veit, svát [ek] vita þykkjumk,	C
	hór ok af Hlórriða	D*
	ok vas þat sá inn lævísi Loki.'	?

Beyla:

A	55. „Fjǫll ǫll skjálfa, hykk á fǫr vesa	C
	heiman Hlórriða;	D*
C	hann ræðr rou þeims rœgir hér	B
	goð ǫll ok guma."	E

Loki:

A	56. 'Þegi þú, Beyla! þú'st Byggvis kvæn,	B
	ok meini blandin mjǫk;	aA+1

---

1) minum veom R.   2) vammalausa *Gunnarr Pálsson* vammalavsom R.

E*		ókynjan meira koma með ása sonum:	A+1
		oll est[n], deigja, dritin.'	A+1

Þórr:

A	57.	„Þegi þú, róg vættr! þér skal [minn] þrúðhamarr	C
		Mjollnir mál fyrnema.	A+1
F		herða klett drep-k þér hálsi af,	A+1
		ok verðr þá [þínu] fjorvi um farit."	aA+1

Loki:

F	58.	'Jarðar burr¹ es [hér] nú inn kominn:	C
		hví þrasir þú svá, Þórr?	B? E?
A		enn [þá] þorir [þú] ekki es [þú] skalt við úlf[inn] vega,	C
		ok svelgr [hann] allan Sigfoður.'	aE+1

Þórr:

A	59.	„Þegi þú, róg vættr! þér skal [minn] þrúðhamarr	C
		Mjollnir mál fyrnema.	A+1
F		upp [ek] þér verp-k ok á austrvega,	C
		síðan þik mangi sér."	A+1

Loki:

E*	60.	'Austrforum þínum skalt[u] aldrigi	B
		segja seggjum frá:	A+1
A		síz² í hanzka [þumlungi] hnúktir [þú], einheri,	D*
		ok þóttiska [þú þá] Þórr vesa.'	aE+1

Þórr:

A	61.	„Þegi þú, róg vættr! þér skal [minn] þrúðhamarr	C
		Mjollnir mál fyrnema.	A+1
A		hendi [inni] hœgri drep-k þik Hrungnis bana,	A+1
		svát þér brotnar beina hvat."	aA+1

Loki:

Fv1?	62.	'Lifa ætla-k mér langan aldr,	B
		þót[tu] hœtir hamri mér.	aA+1

1) burr *fehlt* R.   2) sizt R.

A	skarpar álar þóttu [þér] Skrýmis vesa		A+1
	ok máttira [þú þú] nesti naa		aA+1
	ok svalzt[u] þú hungri heill.'		aA+1

Þórr:

A	63. „Þegi þú, róg vættr! þér skal [minn] þrúðhamarr		C
	Mjǫllnir mál fyrnema:		A+1
Fv2	Hrungnis bani mun þer í hel koma		C
	fyr nágrindr neðan."		B

Loki:

A	64. 'Kvað-k fyr ǫsum, kvað-k fyr ása sonum		A+1
	þaz mik hvatti hugr;		A+1
A	enn fyr þér einum mun-k út ganga,		C
	þvít ek veit at [þú] vegr.		A+1
E*	65. Ǫl gorðir [þú], Ægir, enn [þú] aldri munt		B
	síðan sumbl um gora:		A+1
Fvs	eiga þín ǫll es hér inni es		A+1
	leiki yfir logi		E
	ok brenni þér á baki!'		aA+1

S. 13, 6 v. u. lies Senkungssilbe statt Nebentonsilbe. — 19, 7 v. u. danach. — Vǫluspǫ́ 64, 4 Gimleý statt Gimlee. — Vegtamskviða 12, 1 begjat[tu] statt begjat[t]u. — Þrymskviða 8, 7 'lies mætti [hann] Þóri' Sijmons. — 11, 3 vél statt vel. — Hymiskviða 20, 8 tilge das Elisionszeichen. — 46, 19—21 sind alle Auftakte zu streichen. — Atlamál 5, 1 Ǫlværir statt Ǫlværir. — 15, 5 Ueberschrift Hogni statt Hogni. — 15, 8 'lies þars [þú] blǽju hugðir mit Bugge und Vols.' Sijmons. — 51, 7 'etwa eptir'o ǫllífu?' Sijmons. — 52. Anmerkung 7 gehört zu Z. 1, Anmerkung 8 zu hefr Z. 3. — 82, 4 'etwa at barna [þinna] blóði] blanda mér drykkju?' Sijmons. — Lokasenna 11, 4 lies nema einn sá áss?